Sven Felix Kellerhoff

Eine kurze Geschichte der RAF

KLETT-COTTA

Die Rechtschreibung wurde den aktuell gültigen Regeln des Duden angepasst, auch in wörtlichen Zitaten.

FSC
www.fsc.org
MIX
Papier aus verantwortungsvollen Quellen
FSC® C083411

Klett-Cotta
www.klett-cotta.de

Printed in Germany
Cover: Rothfos & Gabler, Hamburg
unter Verwendung des RAF-Logos
Gesetzt von Kösel Media GmbH, Krugzell
Gedruckt und gebunden von CPI – Clausen & Bosse, Leck
ISBN 978-3-608-98221-3

Bibliografische Information der Deutschen Nationalbibliothek
Die Deutsche Nationalbibliothek verzeichnet diese Publikation in der Deutschen Nationalbibliografie; detaillierte bibliografische Daten sind im Internet über http://dnb.d-nb.de abrufbar.

Inhalt

Sprung in den Untergrund

Befreiung

An Warnungen hatte es nicht gefehlt.[1] Schon am 30. April 1970 erfuhr Direktor Wilhelm Glaubrecht, einer der Insassen seiner Strafanstalt Tegel solle »mit Hilfe der Apo« befreit werden.[2] Angeblich handele es sich um Andreas Baader, einen 27-jährigen linken Aktivisten, der als Beruf Journalist angab. Dem Leiter des größten Gefängnisses in West-Berlin erschien es eher unwahrscheinlich, dass wirklich Baader gemeint sei, würde er doch schon im Juli nach Verbüßen der Hälfte seiner Strafe die vorzeitige Entlassung auf Bewährung beantragen können. Außerdem gab es in Tegel einen Häftling mit ähnlichem Nachnamen, den verurteilten Mörder Paul Bader, der lebenslänglich bekommen hatte. »Bei diesem Bader wurde daraufhin eine verstärkte Bewachung angeordnet und, als sich nichts in Richtung einer Befreiung tat, der gesamte Vorgang ad acta gelegt«, registrierte das Ost-Berliner Ministerium für Staatssicherheit fassungslos.[3]

Trotzdem blieb Glaubrecht, dem erst Ende Januar unbekannte Täter den Privatwagen in Brand gesetzt hatten, vorsichtig, als Anfang Mai 1970 Andreas Baader einen Antrag auf Ausgang stellte. Im Vorjahr waren 379-mal Strafgefangene des Gefängnisses Tegel ausgeführt worden, begleitet stets von zwei bewaffneten Justizbeamten – meist zu Arztbesuchen, in wenigen Ausnahmen zur »Unterstützung des beruflichen Fortkommens« als Teil ihrer angestrebten Resozialisierung. Genau das verlangte Baader; er wolle in der Bibliothek des Deutschen Zentralinstituts für soziale Fragen in der Miquelstraße 83 in Dahlem an einem Buch über die »Organisation randständiger Jugendlicher« arbeiten. Doch der Gefängnisleiter lehnte ab – die notwendige Literatur könne Baader sich in die Haftanstalt kommen lassen.

Vielleicht spielte es eine Rolle, dass schon ein halbes Jahr lang eine Serie von Anschlägen mit linksextremem Hintergrund West-Berlin in Atem hielt. Zuletzt hatte es Attacken auf das Arbeitsamt im Märkischen Viertel und auf das Amerika-Haus in Charlottenburg gegeben; eine Bankfiliale und das Arbeitszimmer des höchsten Richters der geteilten Stadt, Günter von Drenkmann, waren mit Molotowcocktails in Brand gesetzt worden. In Drenkmanns Büro im Kammergericht hatten die Täter Fotos von Baader und dem wegen anderer Anschläge inhaftierten Michael »Bommi« Baumann zurückgelassen. Die radikale Szene in der Stadt stand unter Hochspannung.

Am Dienstag, dem 12. Mai 1970, erfuhr Direktor Glaubrecht, dass der linke West-Berliner Verleger Klaus Wagenbach für das Projekt mit dem Arbeitstitel »Zur Organisation randständiger Jugendlicher« Andreas Baader einen Buchvertrag angeboten habe. Das Vorhaben schien also doch ernst gemeint. Glaubrecht zögerte weiter, denn er war Baader schon weit entgegengekommen. Zum Beispiel hatte er dem Strafgefangenen Besuche der bekannten Journalistin Ulrike Meinhof sowie einer Frau genehmigt, die sich als Lektorin des Wagenbach-Verlages vorgestellt hatte – und zwar dreimal in nur einer Woche. Insgesamt war Baader seit seiner Festnahme fünf Wochen zuvor bereits 25-mal besucht worden: deutlich öfter als üblich und nach der Strafvollzugsordnung zulässig. Als Baaders Anwalt Horst Mahler von Glaubrechts Ablehnung hörte, bestand er auf einem

Gespräch mit dem Direktor. Ausschließlich Baader sei in der Lage, im Dahlemer Institut die benötigte Literatur auszuwählen, argumentierte der Verteidiger. Daraufhin gab Glaubrecht nach und genehmigte für den übernächsten Tag die Ausführung: einmalig und maximal drei Stunden lang. Für eine Wiederholung fehle das notwendige Personal.

Am 14. Mai 1970, einem Donnerstag, traf der Strafgefangene Andreas Baader gegen 9:45 Uhr in Begleitung zweier bewaffneter Justizbeamter in der Miquelstraße ein und setzte sich in den Lesesaal neben Ulrike Meinhof; ein Institutsmitarbeiter bot an, Kaffee zu kochen. Eine Dreiviertelstunde später erschienen zwei junge Frauen, die ebenfalls im Lesesaal zu arbeiten begehrten. Doch das wurde ihnen verweigert, weil dort bereits Meinhof, Baader und die beiden Wachen saßen. Also nahmen die beiden in der Diele des Instituts Platz. Gegen 11 Uhr öffneten sie die Tür der Villa und ließen einen maskierten Mann hinein sowie eine Frau mit roter Perücke – die angebliche Wagenbach-Lektorin, in Wirklichkeit Baaders Gefährtin Gudrun Ensslin. Beide hielten Waffen in den Händen. Georg Linke, ein 62-jähriger Mitarbeiter des Instituts, versuchte zu flüchten und wurde durch einen Bauchschuss lebensgefährlich verletzt. Nun rissen die beiden jungen Frauen Pistolen aus ihren Taschen, stürmten in den Lesesaal und schrien: »Hände hoch, oder wir schießen!«[4] Ohne die Reaktion der Justizbeamten abzuwarten, feuerten sie Tränengaspatronen ab. Beide Wachen wurden verwundet. Im Handgemenge fielen weitere, ungezielte Schüsse. Während der maskierte Mann und die drei Frauen die Justizbeamten beschäftigten, sprang Andreas Baader aus dem Hochparterrefenster des Instituts in den Garten. Ulrike Meinhof folgte ihm, dann kam das Befreiungskommando. Baader, Meinhof und die anderen rannten zu zwei mit Fahrerinnen und laufenden Motoren bereitstehenden Wagen, einem zweitürigen Alfa-Romeo und einem viertürigen BMW. Baader und Meinhof stiegen in den BMW, ihnen folgte Ensslin. Die anderen, der maskierte Mann und die beiden jungen Frauen, quetschten sich in den Alfa. Dann brausten beide Autos mit quietschenden Reifen davon. Die Fahrt war kurz, vielleicht zwei Kilometer. Dann ließ die Fahrerin des BMW Baader, Ensslin und Meinhof aussteigen und entsorgte die gestohlenen Nummernschilder, die mit Klebeband auf den echten befestigt gewesen waren.

Bilanz der RAF

Mit dieser Szene wie aus einem schlechten Film begann vor einem halben Jahrhundert die Geschichte der Roten Armee Fraktion, der größten linksterroristischen Gruppe in der Bundesrepublik. Von 1970 bis 1993 fielen ihrem Krieg gegen den Rechtsstaat 34 Unschuldige zum Opfer – elf deutsche und niederländische Polizeibeamte, neun Zufallsopfer, sieben US-Soldaten und »nur« sieben Männer, die den westdeutschen Staat oder seine Wirtschaft repräsentierten, also die eigentlichen Feindbilder der Angreifer darstellten.[5] Weitere mindestens 230 Menschen wurden bei Anschlägen der RAF teilweise schwer verletzt; der erste von ihnen war Georg Linke, der Mitarbeiter des Zentralinstituts für soziale Fragen, der durch einen Lebersteckschuss zum Pflegefall wurde und seinen Lebensabend in Krankenhäusern verbrachte.[6]

Die Polizei tötete im Zuge der Fahndung fünf Angehörige der Terrorgruppe; weitere sechs nahmen sich das Leben, je zwei starben bei misslungenen Anschlägen und bei Unfällen, einer an den Folgen eines Hungerstreiks.[7] Hunderte Bundesbürger wurden wegen Mitgliedschaft oder Unterstützung der terroristischen Vereinigung RAF rechtskräftig verurteilt.[8]

Gut zwei Dutzend Mal verhängten Gerichte die Höchststrafe lebenslänglich, die freilich zu sehr unterschiedlichen Haftzeiten führte: Die wegen Polizistenmordes verurteilte Angelika Speitel kam schon nach knapp zwölf Jahren Haft durch Begnadigung frei; Verena Becker saß sechs Monate länger wegen zweier versuchter Polizistenmorde. Die anderen zu lebenslänglich verurteilten RAF-Terroristen mussten 14 bis 25 Jahre hinter Gittern verbringen. Die längste einzelne Haftstrafe verbüßte Christian Klar, der ursprünglich zu fünfmal lebenslänglich plus 15 Jahren verurteilt worden war: Er wurde Ende 2008 nach 26 Jahren entlassen. Seit Juni 2011 sitzt kein früheres RAF-Mitglied mehr in Haft.

Auf das Konto der Terroristen gingen rund 40 Banküberfälle mit insgesamt etwa sieben Millionen Mark Beute, mindestens 180 Autodiebstähle sowie unzählige weitere Straftaten, von Dokumentenfälschungen bis hin zu Totschlag und Mord. Die direkten Sachschäden beliefen sich wohl auf eine halbe Milliarde Mark; ein Vielfaches davon wurde im Laufe der Zeit in Polizei und Strafverfolgungsbehörden investiert.[9] Weit schwerer wogen jene Schäden des Linksterrorismus, die man nicht quantifizieren kann: die Schmerzen der Verletzten, das Leid der Hinterbliebenen und die Ängste, die Tausende Menschen auszustehen hatten, weil Terroristen sie möglicherweise im Fadenkreuz hatten.

Die RAF ging zurück auf radikale Splitter der zerfallenden Studentenbewegung rund um den charismatischen Kleinkriminellen Andreas Baader und die Intellektuelle Gudrun Ensslin. Mit Angehörigen des linksradikalen Establishments wie der Journalistin Ulrike Meinhof und dem Anwalt Horst Mahler bildeten sie im Frühjahr 1970 eine illegale Gruppe, die rasch Sympathien in linken Kreisen der bundesdeutschen Gesellschaft fand. Zwar veröffentlichte die RAF hunderte Seiten vermeintlich politische Pamphlete, doch irgendeine konsistente Vorstellung, wie das Zusammenleben anders organisiert werden solle als in der Realität der Bundesrepublik, ließ sich nie erkennen.

Die erste Generation der Gruppe, die mit Baaders Befreiung 1970 entstanden war und zwei Jahre später zerschlagen wurde, entwickelte ihre eigentliche Wirksamkeit erst in der Haft. Die Behörden hatten gehofft, die Gewaltexzesse würden nach sieben ermordeten und Dutzenden verletzten Menschen beendet sein. Doch Hungerstreiks und Vorwürfe wie »Isolationsfolter« oder »Vernichtungshaft« verschafften den inhaftierten RAF-Mitgliedern in großen Teilen der deutschen und westeuropäischen Linken eine Bedeutung, die sie während ihrer Zeit im Untergrund nie gehabt hatten. Wesentlich daran beteiligt waren ihre Wahlverteidiger – sie durften ihre Mandanten zwar fast jederzeit besuchen und bauten ein illegales Rundbriefsystem auf, beklagten gleichwohl deren vermeintliche »Isolation«. Ohne die Unterstützung dieser Juristen wäre die RAF wohl eine zwar blutige, aber kurze Episode geblieben. Erst ihre Kampagne ließ eine aktive Sympathisanten-Szene wachsen, die Hunderte junge Leute umfasste.

Aus diesem Milieu bildeten sich zunächst zwei Zwischengenerationen. Die eine wurde schon nach wenigen Monaten in der Illegalität Anfang 1974 zerschlagen, die andere organisierte im Jahr darauf einen Überfall, der zu zwei ermordeten Geiseln und zwei toten Terroristen führte. Bei der eigentlichen zweiten Generation, manchmal »Baader-Meinhofs Kinder«[10] genannt, handelte es sich dann ab Ende 1976 um eine reine »Befreit-die-Guerilla-Guerilla«.[11] Ihre Ziele waren die Freipressung der ersten Generation aus der Haft und außerdem die Rache an der Bundesanwaltschaft, die sie als wesentlichen Gegner wahrnahmen. Nach dem Scheitern ihrer »Offensive 77« verlor die zweite Generation die Orientierung; dennoch mordete die Gruppe weiter.

Auch die dritte Generation rekrutierte sich aus Unterstützern der Inhaftierten; sie suchte im Schulterschluss mit linksextremen Gruppen aus Italien, Belgien und Frankreich eine neue Selbstrechtfertigung. Doch zu einer »Internationale des Terrorismus« kam es nur ansatzweise. Obwohl die dritte Generation seit 1993 keinen Anschlag mehr verübt hat und ihre verbliebenen Mitglieder 1998 die RAF offiziell auflösten, kann das Kapitel des linksextremen Terrorismus in der Geschichte der Bundesrepublik ein halbes Jahrhundert nach der Befreiung Andreas Baaders nicht als abgeschlossen gelten. Denn noch immer sind viele Verbrechen nicht aufgeklärt.

Schwächen des Rechtsstaates

Es ist kaum damit zu rechnen, dass sich daran etwas ändern wird, obwohl noch genügend im Laufe der Zeit am Linksterrorismus in Westdeutschland Beteiligte leben sowie indirekt Informierte, um praktisch alle offenen Fragen zu klären. Aus der ersten Generation dürften zumindest Irmgard Möller und Brigitte Mohnhaupt unbekannte Details über die wesentlichen Verbrechen der Jahre 1970 bis 1972 kennen. Aus der zweiten Generation gibt es sogar noch mehr Mitwisser. Randfiguren des harten Kerns der RAF wie Susanne Albrecht und Silke Maier-Witt sagten zwar aus, doch Mohnhaupt, Christian Klar, Stefan Wisniewski und andere haben stets beharrlich geschwiegen. Das einzige ehemals führende Gruppenmitglied, das sich immer wieder zu Wort meldete, Peter-Jürgen Boock, verdiente sich durch die notorische Unzuverlässigkeit seiner Aussagen den Spitznamen »Karl May der RAF«. Von den Attentaten der dritten RAF-Generation konnte kein einziges im kriminalistischen Sinne aufgeklärt werden. Zwar nimmt die Bundesanwaltschaft an, ungefähr die Hälfte ihrer rund 20 Mitglieder zu kennen, doch das ist nur eine Vermutung. So gut wie nichts weiß man über die inneren Verhältnisse der Gruppe in den Jahren 1984 bis 1998.

Ein wesentlicher Grund für dieses Unwissen sind prinzipbedingte Schwächen des Rechtsstaates. Natürlich darf niemand gezwungen werden, sich selbst zu belasten. Das nutzten die Terroristen von Anfang an: Stets galt die Devise, den Ermittlern keinen Millimeter entgegenzukommen. Bis auf einige Aussteiger machten angeklagte RAF-Mitglieder keine relevanten Aussagen bei der Polizei oder vor Gericht. Im Gegenteil genossen sie offenbar ihr Wissen über die Hintergründe der Morde, Entführungen und Bombenanschläge. Besonders deutlich zeigte sich das im mutmaßlich letzten RAF-Prozess, der 2010 bis 2012 gegen Verena Becker geführt wurde.

Andere Prinzipien, die den Terroristen in die Hände spielten, sind das Recht auf freie Wahl eines Verteidigers und der besondere Schutz, den dessen Verhältnis zum Mandanten genießt. Viele RAF-Anwälte waren eher Sympathisanten der Angeklagten als Organe der Rechtspflege, die sie eigentlich sein sollten.[12] Ihre Verhandlungsführung war, wie selbst ein sehr nachsichtiger Beobachter festhielt, »in Teilen rechtsmissbräuchlich«.[13] Doch konnte der Rechtsstaat nur begrenzt dagegen vorgehen. Zwar wurden einige Verteidiger im Laufe der Zeit von den Verfahren ausgeschlossen, doch ihre Nachfolger benahmen sich geschickter. Nur acht der mehr als hundert Wahlverteidiger wurden wegen Unterstützung der RAF rechtskräftig verurteilt.

Drittens darf ein Rechtsstaat niemals die eigenen Grundsätze verletzen, nicht einmal gegenüber erklärten Feinden. »Wer den Rechtsstaat zuverlässig schützen will, der muss innerlich auch bereit sein, bis an die Grenzen dessen zu gehen, was im Rechtsstaat erlaubt ist«, hatte Bundeskanzler Helmut Schmidt 1975 festgestellt.[14] An die Grenzen, aber eben nicht darüber hinaus. Nicht einmal auf dem Höhepunkt der Konfrontation zwischen demokratischer Gesellschaft und Linksterrorismus im Herbst 1977 stand ernsthaft zur Debatte, das zu ändern. Grob rechtsstaatswidrige Maßnahmen gegen die RAF zu ergreifen kam nicht in Frage.[15] Selbst die durchaus fragwürdige Kontaktsperre nach der Schleyer-Entführung beschloss der Bundestag formal korrekt; die obersten Gerichte der Bundesrepublik hielten die nun tatsächlich durchgeführte Isolierung der RAF-Gefangenen für verhältnismäßig.

Zu diesem Buch

An Literatur über den westdeutschen Linksterrorismus und die RAF herrscht kein Mangel. Der Journalist Stefan Aust zum Beispiel hat der ersten und zweiten Generation den Bestseller »Der Baader-Meinhof-Komplex« gewidmet, der seit 2017 in vierter, stark erweiterter Fassung vorliegt. Aust ist gleichermaßen Insider wie Beobachter. Sein nun fast tausend Seiten starkes Buch endet im Herbst 1977; die weiteren 21 Jahre kommen in einem elf Seiten langen »Nachspiel« vor. Gleich drei lesenswerte Bücher über einzelne Phasen des westdeutschen Linksterrorismus hat der Anwalt und Publizist Butz Peters verfasst, außerdem eine wiederholt aufgelegte Gesamtgeschichte der RAF, die 863 Seiten umfasst. Eine Fülle einschlägiger Aufsätze und Bücher hat der Historiker Wolfgang Kraushaar vorgelegt, darunter einen Sammelband über »Die blinden Flecken der RAF« (2017). Trotzdem gibt es keine gut lesbaren sowie zugleich nicht zu umfangreichen Gesamtdarstellungen. Der Band von Petra

Terhoeven (2017) ist mit 117 Textseiten zu stark verkürzt und folgt zudem mit der These, bei der RAF habe es sich um eine »gescheiterte (deutsche) Selbstbefreiung« gehandelt, zu weit der Selbstdarstellung der Terroristen.[16]

Fast unübersehbar ist die Fülle von Spezialveröffentlichungen, darunter Erinnerungen von Zeitzeugen und Beobachtern wie Qualifikationsarbeiten von Historikern und Politikwissenschaftlern. Eine Reihe dieser Publikationen haben wichtige Aspekte offengelegt, etwa die 2016 erschienene Dissertation von Sabine Bergstermann über die Haftanstalt Stammheim, die Bühne des finalen Kampfes zwischen Baader-Meinhof-Ensslin und dem Rechtsstaat, oder die Habilitation von Gisela Diewald-Kerkmann über »Frauen, Terrorismus und Justiz« (2009).

Lange galt die Aufmerksamkeit der Öffentlichkeit vor allem den Tätern der RAF, kaum ihren Opfern. Zwar äußerten sich Terrorgeschädigte mitunter, doch größere Resonanz fand erst das wichtige Interviewbuch von Anne Ameri-Siemens »Für die RAF war er das System, für mich der Vater« (2007). Dieselbe Autorin ließ 2017 unter dem Titel »Ein Tag im Herbst« einen ähnlichen Band über die Schleyer-Entführung folgen. Sehr persönlich schilderten Corinna Ponto, die Tochter eines RAF-Opfers, und Julia Albrecht, die Schwester einer Terroristin, in ihrem Buch »Patentöchter« (2011) die Verheerung, die diese Gewalt in Familien anrichtete.

Auf ganz andere Art Opfer war Bettina Röhl. Denn ihre Mutter Ulrike Meinhof verließ ihre Zwillingsschwester und sie am 14. Mai 1970, um in die Illegalität abzutauchen. 2018 veröffentlichte Röhl die wütende Abrechnung »Die RAF hat euch lieb« über die Jahre 1968 bis 1972. Das Buch enthält viel bisher absolut unzugängliches Material aus den Akten von Meinhofs Verteidigern, auf die Röhl als Erbin Zugriff bekam.

Leider ist nicht zu erwarten, dass ähnliche Unterlagen zu anderen Terroristen je ausgewertet werden können.

All das zusammen ließ es sinnvoll erscheinen, zum 50. Jahrestag der Entstehung der RAF ihre Geschichte in einer gut lesbaren, nicht zu umfangreichen Gesamtdarstellung neu zu beleuchten. Sowohl zum 30. Jahrestag des »Deutschen Herbstes« 2007 wie zehn Jahre später habe ich auf WELTGeschichte, dem Online-Geschichtskanal der WELT-Gruppe, vielteilige Serien zu dieser die Bundesrepublik prägenden Herausforderung betreut und zahlreiche Artikel selbst geschrieben. Das Interesse beim Publikum war erfreulich groß. Eine Lehre aus diesen Serien war, nicht nur die bekannten, in Dokumentationen und Spielfilmen oft thematisierten Anschläge wie den Buback-Mord und die Schleyer-Entführung zu beleuchten, sondern ebenso wenigstens einige andere der vielen Verbrechen, die Linksterroristen 1970 bis 1993 begingen. Das ist möglich, denn zahlreiche Anklageschriften und Urteile gegen RAF-Mitglieder sind zugänglich und geben Einblick in die Ermittlungen der Polizei, selbst wenn diese nicht in jeder Einzelheit immer zutrafen. Deshalb habe ich Anklagen und Urteile mit anderen Quellen verglichen: mit der jeweiligen Berichterstattung der relevanten Medien sowie den Erinnerungen von Überlebenden, Beteiligten und Augenzeugen, den in Stasiakten zugänglichen Informationen und Dokumenten der RAF selbst.

Dieses Buch ist nicht von Sympathie für die Täter geprägt. Hier wird der Irrweg von Baader, Meinhof und Ensslin nicht als »große deutsche Passionsgeschichte« verklärt oder der Terror gegen die demokratische Gesellschaft mit der zweideutigen Kalenderweisheit »Gewalt gebiert Gewalt« verharmlost.[17] Empathie verdienen allein die Opfer des Terrorismus, die zufälligen ebenso wie die gezielt angegriffenen Menschen. Deshalb werden in diesem Buch alle Mordopfer der RAF mit Namen genannt, ebenso viele Schwerverletzte.[18]

Es bedarf keiner Begründung, dass die Attacken der RAF gegen Staat und Gesellschaft der Bundesrepublik durch nichts gerechtfertigt waren – insbesondere nicht durch die tatsächlich unbefriedigende Aufarbeitung der NS-Vergangenheit. Der ideologische Fanatismus der Linksterroristen, einschließlich ihr als Antizionismus kaschierter Antisemitismus, hatte schon 1977 die britische Journalistin Jillian Becker dazu gebracht, die Mitglieder der ersten Generation »Hitlers Kinder« zu nennen und ein Jahr später festzustellen: »Die inzwischen toten Anführer der RAF wussten vielleicht niemals, wie nahe viele ihrer Ideen den Nazi-Ideen waren, zu denen sie in Opposition zu sein glaubten.«[19] Eine interessante Beobachtung. Sie wird nicht nur durch den regen Austausch mit palästinensischen Israel-Feinden belegt, sondern ebenso durch die vielfältig belegte Erkenntnis, dass die RAF selbst antisemitische Wurzeln hatte.[20] Diese Einsicht missfällt jenen, die den Linksterrorismus in mildem Licht sehen.[21]

Am 14. Mai 1970 begann mit der Befreiung von Andreas Baader ein Amoklauf gegen den Rechtsstaat, der die Bundesrepublik so sehr herausforderte wie kein anderes Ereignis ihrer Geschichte bis dahin. Ein halbes Jahrhundert später ist es Zeit, das Wissen über diesen Irrweg konkret und präzise, dabei prononciert zusammenzufassen. Das ist die Aufgabe dieses Buches.

Wege in den Terror

SDS und Kommune 1

Am Anfang des deutschen Linksterrorismus stand ein tödlicher Schuss. Am Abend des 2. Juni 1967 gegen 20:30 Uhr feuerte der Kriminalpolizist Karl-Heinz Kurras bei einer Demonstration gegen den Besuch des Schahs von Persien in West-Berlin auf den Studenten Benno Ohnesorg; die Kugel traf den 26-Jährigen in den Hinterkopf. Warum Kurras abdrückte, konnte nie aufgeklärt werden. Da er ein Waffen-Narr war, schied ein Versehen aus. Von einer Notwehrsituation konnte nicht die Rede sein, doch im Prozess musste eine entsprechende Falschaussage zugunsten des Angeklagten gewertet werden, weil sie nicht zu widerlegen war. Das führte zum Freispruch.[1] Vielleicht hing Kurras' Tat damit zusammen, dass er seit 1955 fleißig für die DDR-Staatssicherheit spitzelte; einen konkreten Beleg gibt es nicht.

Erst wenige Stunden lag dieser tödliche Schuss zurück, als eine junge Frau im Büro des Sozialistischen Deutschen Studentenbundes am Kurfürstendamm einen eindeutigen Schluss zog: »Dieser faschistische Staat ist darauf aus, uns alle zu töten. Wir müssen Widerstand organisieren. Gewalt kann nur mit Gewalt beantwortet werden. Dies ist die Generation von Auschwitz – mit denen kann man nicht argumentieren.«[2] Ob Gudrun Ensslin diese Sätze hemmungslos weinend schrie oder mit beklemmender Ruhe hervorstieß, erinnerten Augenzeugen unterschiedlich; manche wollten die dramatische Ankündigung gar nicht mitbekommen haben. Doch an Ensslins Überzeugung, der 2. Juni sei das Signal zum bewaffneten Kampf gewesen, konnte kein Zweifel bestehen: »Schah – Kurras – Ohnesorg. Das ist jedenfalls die kürzeste Erklärung, die ich geben kann«, begründete sie in einem Brief an ihre Schwester ihren Weg in den Terrorismus.[3]

Die Stimmung in West-Berlin war ohnehin angespannt. Etwa fünf Jahre nach dem Schock des Mauerbaus 1961 hatte sich ein Klimawechsel eingestellt. In einer kleinen Szene aus Studenten vor allem der Geistes- und Sozialwissenschaften kursierten kommunistische Parolen. Ganz selbstverständlich diskutierte man über den vermeintlich absterbenden Kapitalismus und die Segnungen des »echten« Sozialismus. Der SDS, ehemals SPD-nah, inzwischen weit nach links abgedriftet, lehnte die freiheitlich-demokratische Ordnung des Grundgesetzes mehrheitlich ab. Diese radikale Fraktion war klein; sie zählte 1967 nach eigenen Angaben rund 300 Mitglieder in West-Berlin und konnte höchstens ein paar tausend Sympathisanten mobilisieren; an den meisten SDS-Aktionen nahmen nur einige Dutzend bis 2000 Menschen teil.[4] Gleichzeitig zählte das zu Protesten bereite linke Milieu bundesweit bis zu 300 000 Menschen, wie die Ostermärsche zeigten.

Wortführer des SDS in West-Berlin war seit 1966 Rudi Dutschke. Kurz vor dem Mauerbau hatte er die DDR verlassen und in West-Berlin zu studieren begonnen. Unter seinem Einfluss wandte sich die linke Studentenorganisation von Hochschulthemen ab und allgemeinpolitischen Fragen zu. Dutschke lehnte die parlamentarische Demokratie radikal ab und forderte, den politischen Willen einer marxistischen Avantgarde ohne Rücksicht auf die Interessen der Bevölkerungsmehrheit umzusetzen. Aus West-Berlin sollte eine

»Räterepublik« werden.[5] Thomas Schmid, selbst ein Aktivist der 68er-Bewegung, nannte sie rückblickend »irritierend in ihrer Hybris, in ihrer Selbstgewissheit, Alleinbesitzer der Wahrheit zu sein« und ergänzte: »Die 68er glaubten in Karl Marx den Denker gefunden zu haben, der gegen alle Laumeier der Welt das Bewegungsgesetz der industriellen Moderne gefunden zu haben schien.«[6]

Diese Selbstgewissheit ließ vielen Gewalt als zulässiges Mittel erscheinen. Dutschke selbst, später als »zutiefst jesuanischer Mensch« verklärt, referierte über die Methoden einer »städtischen Guerilla« und sah in Universitäten eine »Sicherheitszone«, von der aus »der Kampf gegen die Institutionen geführt« werden müsse.[7] Anlässlich des Vietnam-Kongresses in West-Berlin im Februar 1968 transportierte er sogar Dynamitstangen durch Berlin – im Kinderwagen seines Sohnes, während der erst wenige Wochen alte Junge darauf schlief.[8] Dazu passte, dass er im März 1968 vor laufender Kamera bekannte: »Natürlich bin ich bereit, mit der Waffe in der Hand zu kämpfen.«[9] Bevor der SDS-Anführer seine Ankündigung wahr machen konnte, wurde er von einem rechtsradikalen Hilfsarbeiter niedergeschossen und lebensgefährlich verletzt. Daraufhin griffen SDS-Aktivisten in Berlin und andernorts Gebäude des Springer-Verlages an, dem sie vorwarfen, gegen die Studenten gehetzt zu haben. Tatsächlich hatten die Blätter des größten deutschen Verlages linksradikale Studenten oft scharf angegriffen – nachdem der SDS sich die von der DDR gesteuerte Kampagne »Enteignet Springer« zu eigen gemacht hatte.

Wie Dutschke hatte das radikal antibürgerliche Wohnprojekt Kommune 1, das nur im weiteren Sinne zur Studentenbewegung zählte, ein unklares Verhältnis zur Gewalt. Mit manchmal komischen, oft bewusst provokativen Aktionen machten die Bewohner auf sich aufmerksam. So riefen die

Kommunarden in Flugblättern indirekt zu Anschlägen auf: »Wenn es irgendwo brennt in der nächsten Zeit, wenn irgendwo eine Kaserne in die Luft geht, wenn irgendwo in einem Stadion die Tribüne einstürzt, seid bitte nicht überrascht.«[10] Trotz solcher Stimmen war die weit überwiegende Mehrheit der West-Berliner Studentenbewegung nicht bereit, über Straßenschlachten hinauszugehen. Massen bewegen konnte die gewaltbereite Minderheit der 1968er nie, und selbst im radikalen Flügel gab es deutliche Unterschiede: So lehnten die meisten Bewohner der Kommune 1 den anarchistischen Aktivismus ihres zeitweiligen Gastes Andreas Baader ab, der den Turm der Kaiser-Wilhelm-Gedächtniskirche sprengen und Brandsätze im Kaufhaus KaDeWe zünden wollte. Das verhinderten die Kommunarden.

Brandstiftungen

Zur allgemeinen Überraschung bewertete das Berliner Landgericht am 22. März 1968 die Flugblätter der Kommune 1 als Satire; die angeklagten Kommunarden Fritz Teufel und Rainer Langhans wurden freigesprochen. Dieses Urteil empfand Andreas Baader offenbar als Ansporn, Ernst zu machen. Er fuhr mit seiner Freundin Gudrun Ensslin nach Frankfurt am Main und legte mit zwei Bekannten am späten Nachmittag des 2. April in zwei Kaufhäusern an der Zeil Brandsätze mit Zeitzündern. Kurz vor Mitternacht hörten die Anwohner der Einkaufsstraße Detonationen; die Flammen zerstörten mehrere Etagen der Kaufhäuser, darunter eine Spielwaren- und eine Möbelabteilung. Der Sachschaden betrug mehr als zwei Millionen Mark. Während die Feuerwehr noch löschte, klingelte gegen 0:25 Uhr das Telefon bei der Frankfurter Niederlassung einer Nachrichtenagentur. »Gleich brennt's bei

Schneider und im Kaufhof«, sagte eine Frau: »Es ist ein politischer Racheakt.«[11]

Schon wenige Stunden später nahm die Polizei Baader und Ensslin sowie die Mittäter fest. Noch während der Löscharbeiten hatte das Pärchen aus West-Berlin in einem nahe der Tatorte gelegenen Szenelokal gefeiert und Andeutungen fallen lassen, die auf sie als Täter deuteten. Sie kamen in Untersuchungshaft; im Oktober 1968 begann ihr Prozess. Alle vier Angeklagten störten das Verfahren und provozierten das Gericht nach Kräften. Sie verfolgten ein Ziel, das Gudrun Ensslin festgelegt hatte: Öffentliches Aufsehen sollte die ihrer Meinung nach unterdrückten Massen Westdeutschlands bewegen, es den vier Brandstiftern gleichzutun und sich gegen den Staat zu erheben. Doch nichts geschah, denn es gab die angeblich massenhaft Unterdrückten nicht. Nur einige Dutzend Anhänger bejubelten die Auftritte der Brandstifter. Doch weil sie auf jede Zurückhaltung verzichteten, gelang es ihnen, das Verfahren bundesweit bekannt zu machen. Dabei halfen ihnen bekannte linke Anwälte, darunter Horst Mahler und Otto Schily.

Die Angeklagten beschimpften die Justiz als »entartet« und riefen dazu auf, das Gericht zu attackieren: »Steckt diese Landfriedensbruchbude in Flammen!«[12] Das Urteil lautete am 31. Oktober 1968 dennoch nur auf je drei Jahre Haft für die Angeklagten; das war »milde«, räumte einer der Mittäter Jahrzehnte später ein: »Es hätte das Doppelte geben können.«[13] Den Angeklagten sei lediglich die Brandstiftung in einem der beiden Kaufhäuser zweifelsfrei nachzuweisen, begründete der Richter das Strafmaß. Trotzdem kam es während der Verkündung zu Tumulten. Rauchbomben gingen vor dem Gebäude hoch, im Saal griffen Zuschauer Justizbeamte an und im Handgemenge versuchten Baader und Ensslin zu flüchten. Erfolglos.

Zu den Prozessbeobachtern gehörte die Journalistin Ulrike Meinhof. Die ehemalige Chefredakteurin der lange von der DDR finanzierten linken Illustrierten *Konkret* stellte sich nach dem Urteil in ihrer Kolumne in dem Blatt auf die Seite der Täter, selbst wenn sie sich scheinbar distanzierte: »Gegen Brandstiftung im Allgemeinen spricht, dass dabei Menschen gefährdet sein könnten, die nicht gefährdet werden sollen.« Nicht die Gefährdung von Menschen an sich störte Meinhof, sondern nur das Risiko für jene, die nicht gemeint seien. Im folgenden Satz ging sie weiter: »Gegen Warenhausbrandstiftung im Besonderen spricht, dass dieser Angriff auf die kapitalistische Konsumwelt (und als solchen wollten ihn wohl die im Frankfurter Warenhausbrandprozess Angeklagten verstanden wissen) eben diese Konsumwelt nicht aus den Angeln hebt, sie nicht einmal verletzt.« Die Brandstiftung in den Kaufhäusern war für Meinhof vor allem deshalb falsch, weil sie ungeeignet sei, das angestrebte Ziel zu erreichen – die »Konsumwelt aus den Angeln zu heben«. Ohnehin müsse der Zweck ein anderer sein: »Das progressive Moment einer Warenhausbrandstiftung liegt nicht in der Vernichtung der Waren, es liegt in der Kriminalität der Tat, im Gesetzesbruch.« Gewalt verstand die Kolumnistin als »progressiv«. Nach Ausführungen über die Schattenseiten des Eigentums und des Konsums schloss sie: »So bleibt, dass das, worum in Frankfurt prozessiert wird, eine Sache ist, für die Nachahmung (abgesehen noch von der ungeheuren Gefährdung für die Täter, wegen der Drohung schwerer Strafen) nicht empfohlen werden kann. Es bleibt aber auch, was Fritz Teufel auf der Delegiertenkonferenz des SDS gesagt hat: ›Es ist immer noch besser, ein Warenhaus anzuzünden, als ein Warenhaus zu betreiben.‹« Indirekt bekannte sich Meinhof zur Gewalt: »Fritz Teufel kann manchmal wirklich sehr gut formulieren.«[14]

Neue Militanz

Die vier verurteilten Brandstifter blieben in Haft; damit waren Andreas Baader und Gudrun Ensslin zunächst von weiterer öffentlicher Aufmerksamkeit abgeschnitten. Ein Gespräch, das Ulrike Meinhof im Gefängnis mit Ensslin geführt hatte, erschien nicht wie geplant in *Konkret*. Ob Meinhof darauf aus Sorge vor Konkurrenz um ihre Stellung als prominenteste Frau der linksradikalen Szene verzichtete oder weil sie befürchtete, die geständige Brandstifterin habe sich allzu offen zur Gewalt bekannt, ist unklar.[15]

Während das Pärchen Baader und Ensslin hinter Gittern saß, steigerten Teile der linken Szene sich zu einer neuen Militanz: Anfang 1969 warfen in West-Berlin, Hamburg, Frankfurt und anderen Städten unbekannte Täter die Schaufenster von Büros der US-Fluggesellschaft PanAm und von mehreren Amerikahäusern ein, attackierten Kaufhäuser und Niederlassungen spanischer, griechischer sowie portugiesischer Einrichtungen – weil in diesen Staaten Militärregimes diktatorisch herrschten. Bei Demonstrationen kam es wieder zu Ausschreitungen; die Pause nach dem Schock über die Schlacht am Berliner Tegeler Weg am 4. November 1968 mit 130 teilweise schwer verletzten Polizisten war vorüber. Das anarchistische Untergrundblatt »Radikalinski« rief zur Selbstbewaffnung auf: »Haut die Bullen kaputt, wenn sie mitmischen wollen. Vergesst aber nie, einem Bullenschwein die Knarre abzunehmen, wenn ihr ihm die Fresse zertreten habt.«[16] Auf einem SDS-Treffen in Hannover erhielt ein Teilnehmer viel Beifall, als er forderte: »Wer jetzt nicht bereit ist, Molotow-Cocktails zu werfen, hat bei uns nichts zu suchen.«[17]

Es bildeten sich nun Gruppen selbsternannter Stadtguerilleros – nicht nur in West-Berlin. Der Trierer Till

Meyer, ein gelernter Dekorateur, zum Beispiel bezeichnete sich in einer »Aussprache« mit der DDR-Staatssicherheit am 22. Januar 1969 als »Berufsrevolutionär« im Sinne Mao Tse-Tungs. Er hatte sich in der Botschaft der Volksrepublik China in Ost-Berlin Propagandamaterial beschafft, um in seiner Heimat Schüler und Studenten zu agitieren. Zwar beurteilte der Stasi-Offizier, der das Gespräch führte, Meyer als »fortschrittlich«, riet aber davon ab, ihn als IM zu werben, weil der westdeutsche Verfassungsschutz bereits auf ihn aufmerksam geworden und »er auf alle Fälle beim Gegner negativ registriert« sei.[18]

Als Ende Februar 1969 der neue US-Präsident Richard Nixon nach West-Berlin kam, legte der Kommunarde Michael »Bommi« Baumann an der vorgesehenen Fahrtroute eine Bombe, um dem Staatsgast »mal einen kurzen Schrecken einzujagen«.[19] Doch der Zünder versagte, die Explosion blieb aus; Baumann holte sich die Ladung zurück. Eine Woche später stellte die Polizei in der Kommune 1 »einen selbstgefertigten Sprengkörper« sicher und nahm die Kommunarden Dieter Kunzelmann und Rainer Langhans fest – der Verdacht: Sie könnten einen Anschlag auf die Wahl Gustav Heinemanns zum Bundespräsidenten am 5. März 1969 geplant haben.[20] Nach sechs Wochen Untersuchungshaft wurden die beiden freigelassen, weil sich der Verdacht nicht hinreichend begründen ließ.[21] Vorwerfbar war nur der unerlaubte Besitz von Explosivmitteln.

Wenig später machten sich Kunzelmann und einige andere Kommunarden mit dem Auto auf den Weg nach Süden. In München verübten sie einen Brandanschlag auf das Haus eines Oberstaatsanwaltes, dann ging es weiter nach Italien und von hier aus im September nach Jordanien in ein Ausbildungslager palästinensischer Terrorgruppen bei Amman.[22] Nach einigen Wochen Schulung in Guerillataktiken und an

Waffen traten sie die Rückfahrt an. Die Ankunft von Kunzelmann in West-Berlin Anfang November 1969 versetzte der linken Szene einen militanten Schub. Die Gruppe nannte sich jetzt nach einer kommunistischen Untergrundbewegung in Uruguay Tupamaros West-Berlin und plante Anschläge auf amerikanische sowie israelische Ziele in Berlin – um ein Fanal gegen den Vietnamkrieg zu setzen. Und gegen den »Judenknax« der westdeutschen Öffentlichkeit, wie Kunzelmann in einem angeblichen »Brief aus Amman« schrieb, als er schon längst wieder in Berlin war.[23]

Das erste dieser Attentate misslang glücklicherweise: Eine Zeitzünderbombe, platziert im Jüdischen Gemeindehaus in Berlin und so eingestellt, dass sie während der Gedenkfeier anlässlich des 31. Jahrestages des Novemberpogroms 1938 explodieren sollte, versagte aus technischen Gründen. Doch darauf folgten vom 16. November bis 30. Dezember 1969 zwölf Anschläge, unter anderem auf das Amerikahaus und einen Club der US-Army, das Büro der israelischen Fluggesellschaft El-Al sowie das KaDeWe. Teilweise verpufften die Spreng- und Brandsätze, teilweise entstand hoher Sachschaden. Zum Jahreswechsel 1969/70 gab es erstmals in West-Berlin eine öffentliche Fahndung mit Plakaten nach »gesuchten Anarchisten«.[24] Kunzelmann und seine Genossen waren jetzt diejenigen, über die am meisten geredet und geschrieben wurde.

Baader und Ensslin

Während Anfang 1969 die Militanz in der Berliner Szene zunahm, saß Andreas Baader hinter Gittern. Seinen Aggressionen konnte er nur in Briefen Luft machen. So drohte er den zuständigen Richtern: »Sie werden mich durch die träge

Behandlung meiner Beschwerden zu Aktionen zwingen, die für Sie lästiger sind als Worte.« Er agitierte Mitgefangene und berichtete seinem Anwalt Mahler: »Ich versuche, hier Zellen zu bilden.«[25] Trotzdem genoss er außergewöhnliche Haftvergünstigungen: Mehrfach durfte ihn, was im Strafvollzug eine Novität war, Gudrun Ensslin in der Haft besuchen – weil sie angeblich miteinander verlobt seien.[26] Die Milde der Justiz hielt an, wohl weil Verteidiger Mahler so hartnäckig für seinen Mandanten eintrat. Mitte Juni 1969 hob derselbe Richter, den Baader beschimpft und der ihn verurteilt hatte, den Haftbefehl vorläufig auf; es bestehe keine Fluchtgefahr mehr. Nach 14 Monaten Haft, etwas mehr als einem Drittel der verhängten Strafe, kamen die vier verurteilten Brandstifter vorläufig frei, während ihr Revisionsantrag beim Bundesgerichtshof noch anhängig war. Die einzige Auflage: Sie sollten sich dreimal pro Woche bei der Polizei melden.[27]

Statt ein Bemühen um ihre Resozialisierung zu demonstrieren, suchten sie gleich neue Konflikte. Diesmal ging es um Jugendliche aus hessischen Fürsorgeanstalten, die als »schwer erziehbar« galten. »Wir sind über dieses Heim hereingebrochen an einem Nachmittag und haben eine Vollversammlung erzwungen«, erinnerte sich Thorwald Proll, einer der Mittäter bei der Brandstiftung: »Wir sind da eingefallen (…) und haben einen Riesenterz gemacht.«[28] Die Behörden ließen die verurteilten Aufrührer gewähren. Baader und Ensslin organisierten Wohngemeinschaften mit Jugendlichen, die teilweise aus Heimen geflohen waren. Nach außen hin taten sie so, als wollten sie die Heimzöglinge während ihrer Lehre betreuen und sie wieder an die Gesellschaft heranführen. In Wirklichkeit ging es um das »revolutionäre Potenzial« der Jugendlichen. Vor allem Andreas Baader beeindruckte mit Aggressivität und Rücksichtslosigkeit. Er wusste genau, was er wollte, und konnte andere mitreißen. Der 17-jährige Peter-Jürgen Boock begeisterte sich für Baader und Ensslin. »Im Gegensatz zu den drogenumnebelten Kommunarden strahlten sie eine große Entschiedenheit und Klarheit aus«, erinnerte sich Thorwald Prolls Schwester Astrid.[29]

Als Anfang November 1969 der Bundesgerichtshof die beantragte Revision der Kaufhausbrandstifter verwarf, tauchten Baader und Ensslin unter; sie wechselten über die grüne Grenze nach Frankreich und ließen sich von Gesinnungsgenossen nach Paris bringen. Während in West-Berlin die Tupamaros um Kunzelmann ihre Anschlagsserie begannen und Stadtgespräch wurden, saßen die Flüchtigen wochenlang in wechselnden Wohnungen in Frankreichs Hauptstadt, ignoriert von der deutschen Öffentlichkeit. Immerhin ließen sie es sich gut gehen und empfingen Besucher, unter anderem einige der Heimzöglinge. Das war kein Problem, denn gefahndet wurde nach ihnen nicht – ihr Untertauchen war unbemerkt geblieben: Niemand fiel auf, dass sie ihre Meldeauflagen nicht erfüllten. Das Gnadengesuch, das Ensslins Anwalt Otto Schily an den zuständigen Justizminister Hessens richtete, wurde am 4. Februar 1970 abgelehnt, nach drei Monaten.[30] Nun erst sandte die Justiz die Ladung zum Haftantritt an die letzte bekannte Meldeadresse von Baader und Ensslin, doch dort lebten sie schon seit einem Vierteljahr nicht mehr; der Brief kam mit der Angabe »Empfänger unbekannt verzogen« zurück.[31] Noch einmal fünf Wochen dauerte es, bis Haftbefehle gegen Baader und Ensslin erlassen wurden – der Rechtsstaat ließ sich Zeit.

Problemlos waren die beiden mit Astrid Proll nach Italien gefahren. In Rom trafen sie sich mit Horst Mahler, der sich inzwischen zur Gewalt bekannte: »Hört endlich auf, vom Widerstand nur zu quatschen!«, hatte er im Herbst 1969 geschrieben: »Macht ihn endlich praktisch!«[32] Er wollte eine eigene militante Gruppe gründen und den Kampf gegen den Staat aufnehmen; dafür brauchte er die Kaufhausbrandstifter als Galionsfiguren. Mahler hatte 10 000 Mark bei sich, die er auf dem Weg in München bei »irgend so einer Kulturgröße« eingesammelt hatte. Er wollte mit Baader und Ensslin bereden, wie man gegen den Staat kämpfen könne. »Dann haben wir die ganze Nacht diskutiert und haben gesagt, a) wir wollen etwas machen, b) was können wir zusammen machen?«, schilderte Mahler selbst das Treffen: »Dann haben wir uns verständigt, ob das reicht, was wir an Konsens hatten. Wir stellten fest, das reicht, und da wurde beschlossen, dass sie nach Berlin kommen und ich in Berlin die Vorbereitungen treffen musste, damit sie hier irgendwo als Illegale leben können.«[33]

Das erste Quartier, das Mahler fand, war die geräumige Wohnung von Ulrike Meinhof, in der sie mit ihren Zwillingstöchtern lebte. Am 12. Februar 1970 standen Baader und Ensslin vor der Wohnungstür; Meinhof ließ sie hinein und schärfte ihren Kindern ein, dass sie nur von »Hans« und »Grete« sprechen sollten, wenn sie nach den Gästen gefragt würden, denn die Polizei suche nach ihnen. Das stimmte nicht, denn der Haftbefehl erging erst einen Monat später. Die damals siebeneinhalbjährige Meinhof-Tochter Bettina Röhl erinnerte den Besuch als unangenehm: »Baader versetzte mit seiner Anwesenheit die ganze Wohnung in einen anderen Orbit. Er schrie und pöbelte herum. Baader benahm sich, wie man sich vielleicht den Zuhälterkönig einer kleineren deutschen Großstadt vorstellte.«[34]

Vorbereitungen

Nach wenigen Wochen zogen die beiden aus; Mahler hatte inzwischen drei andere Wohnungen als Verstecke anmieten lassen. Dennoch blieb Meinhofs Wohnung so etwas wie die Zentrale. Im März 1970 trafen sich hier die bereits intensiv gesuchten Anarchisten der Tupamaros West-Berlin mit Mahler, Baader, Ensslin und einigen anderen Vertretern linksradikaler Gruppen; etwa zehn bis zwölf Teilnehmer waren es insgesamt. »Bis in die frühen Morgenstunden diskutierten und stritten wir (...) über einen Zusammenschluss unserer Gruppen«, erinnerte sich Dieter Kunzelmann.[35] Wortführer war Andreas Baader. Er sprach über »militante Aktionen, perfekte Organisation, Logistik, Banküberfälle, notfalls Illegalität«, berichtete ein weiterer Teilnehmer: »Keine Spaßguerilla mehr, sondern bitterer Ernst.«[36] Das missfiel Kunzelmann, dem Anführer der Tupamaros: »Die unterschiedlichen Vorstellungen stießen jedoch im Laufe der Diskussion dermaßen hart aufeinander, dass am Ende nur Eines klar war: Ein Zusammengehen mit dieser Gruppe konnte es nicht geben.« Hauptstreitpunkt war laut Kunzelmann Baaders Vorhaben, eine »quasi leninistische Avantgarde-Organisation aus der Taufe zu heben, während wir einen möglichst engen, ja fließenden Zusammenhang mit den Gruppen der Protestbewegung aufrechterhalten wollten«. Mit »elitärer Kaderbildung« und »freiwilliger Selbstisolation« konnten die Tupamaros nichts anfangen.[37] Vermutlich ebenso wichtig für die Ablehnung war, dass sich Kunzelmanns bereits erprobte Truppe niemandem unterordnen wollte.

Um den »bewaffneten Kampf« zu beginnen, benötigte man Waffen. Baader überlegte, Polizisten zu überfallen, niederzuschlagen und ihre Maschinenpistolen zu stehlen. Doch das erwies sich als nicht machbar, weil so bewaffnete Beamte stets zu zweit oder sogar zu dritt Streife gingen. Also wandte sich Mahler an einen Mann aus dem Umfeld der Kommune 1, der schon mehrfach Molotowcocktails und Sprengsätze organisiert hatte. Der Anwalt glaubte Warnungen aus der linken Szene nicht, dass es sich bei Peter Urbach um einen V-Mann des West-Berliner Landesamtes für Verfassungsschutz handele; er meinte, es ginge nur darum, den Waffenlieferanten »uncool« zu machen.[38] Tatsächlich stimmte das Gerücht; Urbachs Auftrag lautete, mit Waffenlieferungen ein Vertrauensverhältnis zu den Führungsfiguren der linksradikalen Szene aufzubauen und sie über ihre Pläne auszuhorchen. Am frühen Morgen des 4. April 1970 ging das riskante Spiel des Verfassungsschutzes auf. Erfolglos hatten Baader und einige weitere nach alten Pistolen aus dem Zweiten Weltkrieg gesucht, die laut Urbach auf einem Friedhof im Südosten West-Berlins vergraben seien.[39] Auf dem Weg zurück in die Innenstadt stoppte die Polizei Baaders Wagen und nahm ihn fest – der echte Personalausweis, den er vorzeigte, gehörte nicht ihm.[40]

Noch am gleichen Abend trafen sich in der Wohnung von Meinhof jene Mitglieder der West-Berliner linksradikalen Szene, die »auf irgendeine Weise die Gesellschaft mit Gewalt verändern wollten«.[41] Doch fast niemand teilte die Ansicht von Gudrun Ensslin, Ulrike Meinhof und Horst Mahler, dass Baader so schnell wie möglich und um jeden Preis befreit werden müsse; kaum jemand wollte ihnen dabei helfen. Kunzelmann entschied: »Wir müssen andere Dinge machen.«[42] Unterstützung bekamen sie vor allem von einigen jungen Frauen, die Baaders Charisma faszinierte. Möglich machte die Aktion ein mit knapp 40 Jahren schon etwas älterer Mann, der Verleger Klaus Wagenbach, indem er einen fingierten Buchvertrag ausfertigte. Viele Jahre später bekannte er sich zu seiner wissentlichen Beteiligung: »Ich wusste natürlich, dass geplant war, Andreas Baader zu befreien. Das fand ich im Prinzip auch richtig.«[43] Bei anderer Gelegenheit sagte Wagenbach: »Eine Gefangenenbefreiung, das war natürlich eine tolle Sache, da wollte ich gern mitmachen.«[44]

Die erste Generation

Ideologie

Die Fahndung der West-Berliner Polizei nach der Gefangenenbefreiung konzentrierte sich auf die einzig namentlich bekannte Täterin: Ulrike Meinhof.[1] Die Aussagen der Zeugen des Überfalls belegten eindeutig, dass sie freiwillig mit den anderen geflüchtet war; bald hingen an den Litfaßsäulen der Stadt Steckbriefe mit ihrem Porträt – die Belohnung für sachdienliche Hinweise betrug bis zu 10 000 Mark. Kaum eine Stunde nach den Schüssen im Dahlemer Institut standen an allen Übergangsstellen für den Transitverkehr in die Bundesrepublik Kontrollen und wenig später auch auf westdeutscher Seite. Wenn die Gesuchten sich nicht sofort nach der Befreiung durch die DDR in Richtung Bundesrepublik aufgemacht haben sollten, saßen sie in der eingemauerten Teilstadt fest.

Vorbereitet auf die Zeit nach der Befreiung hatte sich das Kommando nicht. Horst Mahler absolvierte zur Tatzeit einen Termin vor Gericht, doch dass er die Ausführung durchgesetzt hatte, war aktenkundig.[2] Angesichts von Meinhofs Verschwinden kehrte er am 14. Mai 1970 lieber nicht mehr in das Sozialistische Anwaltskollektiv zurück, das er mit einigen Kollegen seit einem Jahr betrieb, sondern tauchte ebenfalls unter. Sein Partner Christian Ströbele, der nach eigenen Angaben von der Befreiung »aus den Medien« erfuhr, begründete Mahlers plötzliche Abwesenheit mit einer Reise, um »sich darüber zu informieren, wie die Volksbewegungen in der Dritten Welt vor sich gehen«.[3]

Auch Ensslin und Meinhof hatten nichts geplant. Zunächst versteckten sie sich bei verschiedenen Bekannten, deren Solidarität sie einforderten. In die zuletzt benutzten Wohnungen und die Quartiere der verschiedenen Kommunen gingen sie lieber nicht, denn die Polizei durchsuchte umgehend alle anarchistischen Wohnprojekte. Das sorgte für Missfallen in der Szene, ebenso wie der Schuss auf Georg Linke.

Das Szeneblatt *Agit 883* hingegen stellte sich in seiner nächsten Ausgabe am 22. Mai 1970 auf die Seite der Befreier: »Glaubten die Schweine wirklich, wir würden den Genossen Baader zwei oder drei Jahre sitzen lassen? Glaubten die Schweine wirklich, wir würden ewig mit Farbeiern gegen Knüppel, mit Steinen gegen Pistolen, mit Mollies gegen MGs kämpfen?« Es folgte ein Bekenntnis: »Gandhi und Martin Luther King sind tot«, der »Traum von der Gewaltlosigkeit« sei »beendet«. Der Aufruf schloss mit vier Imperativen: »Die Klassenkämpfe entfalten! Das Proletariat organisieren! Mit dem bewaffneten Widerstand beginnen. Die Rote Armee aufbauen!«[4]

Wohl Ulrike Meinhof und Gudrun Ensslin gemeinsam revanchierten sich mit der ersten Wortmeldung der Gruppe aus dem Untergrund; sie erschien am 5. Juni 1970 in *Agit 883*: »Es hat keinen Zweck, den falschen Leuten das Richtige erklären zu wollen«, begann der Text und fuhr fort: »Die Baader-Befreiungs-Aktion haben wir nicht den intellektuellen Schwätzern, den Hosenscheißern, den Alles-besser-Wissern zu erklären, sondern den potentiell revolutionären Teilen des Volkes. Das heißt denen, die die Tat sofort begreifen können, weil sie selbst Gefangene sind.« Sie formulierten ein Ziel: »Die Konflikte auf die Spitze treiben heißt, dass die

Mächtigen nicht mehr machen können, was die wollen, sondern machen müssen, was wir wollen.« Zum Schluss wiederholte der Aufruf die vier Imperative aus der vorherigen Ausgabe von *Agit 883*.[5]

Eigentlich politische Aussagen enthielt das Manifest hingegen nicht. Es ging nur darum, gewalttätigen Aktionismus zu kaschieren. Mit Anschlägen sollte der westdeutsche Staat gezwungen werden, sein »wahres«, angeblich faschistisches Gesicht zu zeigen. Dadurch sollte ein Volkskrieg ausgelöst werden, der schließlich der Revolution zum Siege verhelfen würde. Das Glaubensbekenntnis der Gruppe hieß: Propaganda der Tat – das traditionelle Prinzip des Anarchismus. Andreas Baader hatte sich durchgesetzt.

Als dieses Bekenntnis in dem Szeneblatt erschien, traf die französische Journalistin Michèle Ray in einer konspirativen Wohnung in West-Berlin den Kern der Gruppe – Baader, Ensslin, Meinhof und Mahler. Man sprach mit- und fand Gefallen aneinander. Meinhof nahm mit ihrer prägnanten Stimme ein Tonband auf, das Ray zum *Spiegel* brachte, der es unredigiert veröffentlichte. Darin wiederholte Meinhof die wesentlichen Gedanken aus dem Text für *Agit 883*, ging aber in einem Punkt entscheidend darüber hinaus: »Wir sagen natürlich, die Bullen sind Schweine. Wir sagen, der Typ in der Uniform ist ein Schwein, das ist kein Mensch, und so haben wir uns mit ihm auseinanderzusetzen. Das heißt, wir haben nicht mit ihm zu reden, und es ist falsch, überhaupt mit diesen Leuten zu reden. Und natürlich kann geschossen werden.«[6] Damit waren die Fronten geklärt.

Jordanien

Mehr als drei Wochen waren seit der Befreiung vergangen. Der Fahndungsdruck blieb hoch; irgendwann würde die Polizei den Untergetauchten auf die Spur kommen. Also mussten sie West-Berlin verlassen. Das Ziel stand fest: ein palästinensisches Ausbildungslager in Jordanien. Der kürzeste Weg in den Nahen Osten führte über den Ost-Berliner Flughafen Schönefeld. Horst Mahler sollte sich als Erster auf den Weg machen. Zusammen mit sechs Begleitern nutzte er am 8. Juni 1970 die S-Bahn, um am Bahnhof Friedrichstraße einzureisen. Die DDR-Kontrolleure an der innerstädtischen Grenze machten keine Schwierigkeiten. Probleme gab es dagegen in Beirut, wo die Reisenden aufgehalten wurden. Mahler wollte sich beim konsularischen Dienst der DDR beschweren – er erreichte jedoch die bundesdeutsche Botschaft. Kontraproduktiv für jemanden, der mit Haftbefehl gesucht wurde. Denn so erfuhren die westdeutschen Behörden und kurz darauf die Öffentlichkeit, dass sich die gesuchten Linksextremisten in den Nahen Osten abgesetzt hatten. Mit knapper Not konnte sich die Reisegruppe über die libanesisch-jordanische Grenze retten, bevor der Haftbefehl von Interpol eintraf.[7]

Mangels Alternative wählte der zweite Teil der RAF-Reisegruppe mit Baader, Ensslin und Meinhof zwei Wochen später einen ähnlichen Weg. Ein Verbindungsmann der Palästinenser hatte ihnen falsche Pässe der Vereinigten Arabischen Emirate besorgt. Die angeblichen Araber färbten sich die Haare schwarz und reisten trotz ihrer schlechten Tarnung ungehindert nach Ost-Berlin. Erneut gab es in Schönefeld keine Probleme, aber bei der Ankunft in Damaskus. Die Gastgeber der deutschen »Terrorlehrlinge« mussten helfen, damit diese nach Jordanien weiterreisen konnten.

Knapp zwanzig West-Berliner lernten in den folgenden Wochen vorwiegend den Umgang mit Waffen und Sprengstoff; sie sollten zu »Einzelkämpfern« ausgebildet werden, wie es in einem Bericht der DDR-Staatssicherheit hieß.[8] Einen »Extra-Drill für verwöhnte Bürgerkinder« gab es bei den Palästinensern nicht. »Also: robben wie überall bei Militärs üblich. Man hatte sich das anders vorgestellt«, berichtete einer der Teilnehmer. Andreas Baader begehrte auf: »Das machen wir nicht weiter mit, das Robben auf dem Boden. Das brauchen wir als Stadtguerilla doch überhaupt nicht.«[9]

Angesichts solcher Aufsässigkeit endete die Ausbildung schon Anfang August 1970 vorzeitig. Ein Gruppenmitglied flog voraus nach Ost-Berlin, um den Reiseweg auszuprobieren. Weil er eine Schusswaffe bei sich hatte, nahm die Staatssicherheit ihn prompt fest und unterzog ihn in der Nacht vom 6. auf den 7. August 1970 einem intensiven Verhör. Das Ein-Mann-Vorauskommando packte vollständig aus, nannte alle Namen der Reisegruppe, beschrieb Details der Ausbildung und berichtete über die interne Hackordnung. Der »eigentliche Initiator der Aktionen und Leiter der Gruppe« sei »nicht Mahler, sondern Andreas Baader«. Der Anwalt gehöre aber wie Ensslin und Meinhof zum »sogenannten Führungsgremium der Gruppe«.[10] Nach der Vernehmung, die in einem 16-seitigen Protokoll festgehalten wurde, nahm die Stasi dem ertappten Reisenden seine Waffe ab und schob ihn nach 26 Stunden über den Bahnhof Friedrichstraße ab; die West-Berliner Polizei, also den »Feind«, informierte das Ministerium für Staatssicherheit nicht. Wenige Tage später kehrten die übrigen Mitglieder der Gruppe über Damaskus nach Schönefeld zurück. Sie wurden von DDR-Kontrolleuren überprüft und durften passieren, weil sie keine Waffen bei sich hatten. Dann ging es weiter über den Bahnhof

Friedrichstraße nach West-Berlin. Baader, Ensslin und Meinhof waren zurück.

Besuch in Ost-Berlin

Wenige Tage später, am Mittag des 17. August 1970, stand eine Frau Mitte dreißig vor dem Schalter »Einreise in die DDR« im Bahnhof Friedrichstraße. Sie legte einen französischen, auf den Namen Michèle Ray ausgestellten Pass vor und wurde wegen unerlaubter Lektüre zunächst nicht durchgelassen: Ulrike Meinhof hatte den aktuellen *Spiegel* und eine Ausgabe der *Frankfurter Allgemeinen Zeitung* bei sich. Ein Stasi-Mann notierte, die Frau mache »einen mittelmäßigen Eindruck«, spreche aber »gut deutsch«. Die beiden Blätter wurden eingezogen, dann durfte sie trotz des offensichtlich nicht für sie ausgestellten Passes die DDR betreten. Über die Behandlung zeigte sich die angebliche Michèle Ray »etwas erbost«, hielt der Grenzkontrolleur fest.[11]

Ulrike Meinhof wollte zum Zentralrat der Freien Deutschen Jugend am Boulevard Unter den Linden. Dort verlangte sie, einen hochrangigen Genossen zu sprechen. Schließlich ließ man sie zu einem Funktionär vor, in dessen Zuständigkeit Kontakte mit West-Berliner Linksradikalen fielen. Meinhof stellte sich vor und verlangte, »mit Genossen, mit denen man eine politische Diskussion führen kann, in Verbindung« gebracht zu werden. Keinesfalls, betonte Meinhof sicherheitshalber, wolle sie die FDJ durch »illegale Geschichten im Ausland belasten«. Außerdem wollte sie einen Vertreter der Staatssicherheit treffen.

Der FDJ-Funktionär blieb vorsichtig, denn Meinhof ging es um die »Organisierung des Widerstandes in West-Berlin«. Das könne nicht Sache der DDR sein, antwortete er –

immerhin standen die politischen Signale seit dem Regierungswechsel in Bonn auf Entspannung zwischen Ost und West. Ihm schien, sie suche »einen Ausweg aus ihrer prekären Lage«, denn sie machte einen »hilflosen Eindruck«. Er schlug vor, sie solle am folgenden Tag erneut vorbeikommen, und beendete das Gespräch nach 20 Minuten.[12]

Als sie anderntags wieder einreisen wollte, wurde ihr das verweigert – weil ihre Papiere ohne Zweifel falsch waren. Eine Weisung von Stasi-Chef Erich Mielke an die Passkontrolleure kam zu spät: »Der M. ist beim Erscheinen an der Grenzübergangsstelle die Einreise zu gestatten«, selbst wenn sie »einen französischen oder anderen ausländischen Pass« vorweise, befahl er am 20. August 1970.[13] Nach der doppelten Zurückweisung durch den FDJ-Funktionär und die Stasi-Leute am Bahnhof Berlin-Friedrichstraße wollte Ulrike Meinhof die »Organisierung des Widerstandes« fortan ohne die Hilfe der DDR vorantreiben.

Beschaffungskriminalität

Die Gruppe wollte viel. Das »Führungsgremium« hatte sich in Jordanien verständigt, West-Berlin mit Terror zu überziehen. Vorgesehen waren unter anderem Anschläge auf das US-Hauptquartier in der Clayallee, besonders auf dort stationierte Panzer, und auf ein Büro der Fluggesellschaft PanAm, das eine Filiale der CIA sei. Weiterhin sollten »Spezialdruckmaschinen in der Druckerei des Springer-Verlages unbrauchbar« gemacht werden. Schließlich wollten Baader & Co. Berlins SPD-Innensenator Kurt Neubauer entführen, um »die Freilassung politischer Gefangener zu erzwingen«.[14]

Solche Pläne bedurften guter Vorbereitung. Man benötigte Verstecke, Waffen und Sprengstoff, unauffällige Autos und vor allem viel Geld. Nichts davon, das hatte Ulrike Meinhofs Besuch in Ost-Berlin gezeigt, würde die DDR zur Verfügung stellen. Die Stasi wusste, was für die »Organisierung des Widerstandes« nötig war; in einem internen Bericht führten ihre Terrorspezialisten zunächst drei wesentliche Beschäftigungen der West-Berliner Gruppe auf: »1. Aktionen zur Beschaffung von Geld (Überfälle auf Banken und Geldtransporte), 2. Aktionen zur Beschaffung von Waffen (Käufe, Einbrüche, Überfälle), 3. Aktionen zur Beschaffung von Hilfsmitteln (Reisepässe, Ausweise, Stempel, Dienstsiegel, Uniformteile, Druckstöcke usw.) durch Einbrüche und Überfälle.«[15]

Die Fahndung nach der Baader-Befreiung hatte gezeigt, dass die West-Berliner Polizei schnell und effektiv reagieren konnte. Um die Behörden dennoch zu überfordern, verfiel die Gruppe auf einen verwegenen Plan: Vier Banken in verschiedenen Stadtteilen sollten gleichzeitig überfallen werden, am 29. September 1970 genau um 9:45 Uhr.[16] Das würde die Beamten verwirren und die Suche nach den Räubern erschweren. Da für jeden Überfall ein Kommando von drei bis fünf Personen sowie genügend Fahrer für die Fluchtfahrzeuge notwendig waren, konnten die Jordanien-Heimkehrer das Vorhaben nicht allein umsetzen. Sie gewannen mehrere Mittäter aus der gewalttätigen linken Szene, die zunächst unsicher waren: »Vier Banken bedeutete, dass es ziemlichen Ärger geben würde. Die Bullen würden mit Sicherheit einen riesigen Fahndungsapparat auslösen. Letztlich beschlossen wir aber nach vielen Diskussionen: ›Scheißegal, wir machen mit!‹«[17]

Es wurden dann doch »nur« drei Banken, denn in der vierten ausgespähten Filiale waren zum vorgesehenen Tatzeitpunkt Bauarbeiter beschäftigt; mit ihnen wollte sich das dafür vorgesehene Kommando um Ulrike Meinhof lieber nicht anlegen.[18] Um 9:45 Uhr begann der koordinierte Überfall: Fünf maskierte und bewaffnete Täter, darunter eine Frau, stürmten eine Filiale der Berliner Bank im wohlhabenden Südwesten der Stadt, erbeuteten 154 182,50 Mark und verschwanden mit zwei gestohlenen Autos.[19] Zur gleichen Zeit raubten fünf Täter, darunter wenigstens zwei Frauen, in einer Sparkasse zwei Kilometer weiter 55 152 Mark.[20] Während diese beiden Überfälle noch liefen, war eine weitere Sparkasse an der Reihe – diesmal im Bezirk Tiergarten. Vier Täter, zwei männliche und zwei weibliche, stürmten die Bank, erbeuteten jedoch nur 8115 Mark – Ulrike Meinhof, die kurzfristig die Führung dieses Überfalls übernommen hatte, übersah weitere rund 97 000 Mark.[21] Dennoch hatte der »Dreierschlag« die Kriegskasse der Gruppe und ihrer Mittäter mit insgesamt mehr als 217 000 Mark gefüllt. Die Polizei vermutete wegen eines Flugblattes, das einer der Bankräuber zurückgelassen hatte, Linksextremisten hinter der Tat, denn darauf stand: »Enteignet die Feinde des Volkes!«[22] Ansonsten waren die Behörden hilflos: Ein solch koordinierter Mehrfachüberfall sei in der »deutschen Kriminalgeschichte bislang einmalig«.[23]

Schon eine gute Woche später gelang aufgrund eines Tipps aus der Szene der erste Schlag gegen die Gruppe um Baader: Horst Mahler und vier junge Frauen aus seinem Umfeld wurden in einer Sechs-Zimmer-Wohnung in Berlin-Charlottenburg nacheinander festgenommen. Als die Beamten dem untergetauchten Anwalt die Perücke vom Kopf zogen und eine Pistole aus der Hose, reagierte er erstaunlich ungerührt: »Kompliment, meine Herren.«[24]

Die restliche Jordanien-Reisegruppe reagierte hilflos; jemand rief wütend den Notruf 110 an und drohte anonym: »Es wird Bombenanschläge von bisher nie dagewesenem Ausmaß geben, wenn ihr Mahler nicht innerhalb von 48

Stunden freilasst.«[25] Es geschah nichts, denn die meisten Gruppenmitglieder wichen dem nun noch stärkeren Fahndungsdruck aus und fuhren per Transit durch die DDR in die Bundesrepublik. Der SED-Staat unterstützte sie nicht direkt, drückte jedoch beide Augen zu. Denn dass die West-Berliner Polizei nach Baader, Meinhof, Ensslin und einem Dutzend weiterer junger Leute mit Hochdruck fahndete, wusste die Stasi natürlich – einschließlich aller notwendigen Daten. Trotzdem machten die Grenzkontrolleure, die sonst selbst perfekt gefälschte Ausweise erkannten, um DDR-Bürger an der Flucht zu hindern, den illegalen Revolutionären keine Schwierigkeiten.[26]

Ausgestattet mit genügend Geld begannen die verbliebenen Jordanien-Reisenden, in Westdeutschland eine Logistik aufzubauen. Sie brachen nachts in wenig geschützte Rathäuser in der westdeutschen Provinz ein und entwendeten Blanko-Pässe, Stempel und anderes Material, um echte Papiere für falsche Identitäten herzustellen. Sie stahlen Autos und versahen sie mit gefälschten Kennzeichen von anderen Fahrzeugen genau desselben Typs in derselben Farbe; solche »Doubletten« schützten vor Aufmerksamkeit. Waffen beschafften Gruppenmitglieder einerseits im kriminellen Milieu, andererseits nutzte Ulrike Meinhof ihre Kontakte zu Palästinensern. Zweimal wäre sie beinahe festgenommen worden. Doch nahe Bad Pyrmont ließ die Polizei sie nach einer Fahrzeugkontrolle weiterfahren, in Gelsenkirchen konnte sie flüchten. Zurück blieben ihre gefälschten Papiere mit aktuellen Fotos.

Ein neuer Name

Ein knappes Jahr nach Baaders Befreiung hatte die Gruppe viele Straftaten begangen, aber keine einzige nur ansatzweise »politische« Aktion umgesetzt. Zwischen Meinhof einerseits und dem Pärchen Baader-Ensslin wuchsen Spannungen; ein kurzzeitiges Gruppenmitglied, das auspackte, schilderte vor Gericht einen Streit, bei dem Baader jede Kritik »mit ein paar Wortfetzen vom Tisch« fegte: »Jeder in der Gruppe müsste hart genug sein, um den Druck der Illegalität zu ertragen.«[27]

Es war Zeit für eine neue programmatische Äußerung, denn: »Viele Genossen wollen wissen, was wir uns dabei denken.« Also landete im April 1971 ein 16 Seiten langes Papier mit dem Titel »Konzept Stadtguerilla« in den Briefkästen bekannter Linker und mehrerer Redaktionen. Zu Beginn distanzierte sich der Text von Ulrike Meinhofs eigener Tonbandaufzeichnung, aus der *Der Spiegel* Auszüge gedruckt hatte. Sie sei, hieß es nun, »ohnehin nicht authentisch und stammte aus dem Zusammenhang privatistischer Diskussion«. Unter anderem ging es um die Bemerkung »Bullen sind Schweine, und natürlich kann geschossen werden«, die in der Szene für Unbehagen gesorgt hatte. Jetzt gaben die Autoren eine andere Devise aus: »Wir schießen, wenn auf uns geschossen wird. Den Bullen, der uns laufen lässt, lassen wir auch laufen.«

Das Konzept sollte die Gründe der Gruppe für ihren Kampf darlegen – eine Variante von Gudrun Ensslins Vorstellung einer aktivistischen Elite aus dem Frankfurter Brandstifterprozess: »Wir behaupten, dass ohne revolutionäre Initiative, ohne die praktische revolutionäre Intervention der Avantgarde, der sozialistischen Arbeiter und Intellektuellen, ohne den konkreten antiimperialistischen

Kampf es keinen Vereinheitlichungsprozess gibt, dass das Bündnis nur in gemeinsamen Kämpfen hergestellt wird oder nicht, in denen der bewusste Teil der Arbeiter und Intellektuellen nicht Regie zu führen, sondern voranzugehen hat.«

Im Übrigen bot das Papier für die meisten Spielarten von Linken Anschlussfähiges: Die Leistungen der Studentenbewegung wurden beschworen, der Freispruch des Ohnesorg-Mörders Karl-Heinz Kurras als Beispiel für »Klassenjustiz« attackiert, der Vietnamkrieg kritisiert und die »Springerpresse« beschimpft. Offensichtlich sollte das »Konzept Stadtguerilla« möglichst viele potenzielle Anhänger ansprechen, um der selbsternannten Avantgarde eine Basis zu verschaffen: »Wir sagen nicht, dass die Organisierung illegaler bewaffneter Widerstandsgruppen legale proletarische Organisationen ersetzen könnte und Einzelaktionen Klassenkämpfe (…). Wir behaupten nur, dass das eine die Voraussetzung für den Erfolg und den Fortschritt des anderen ist.«[28] Mit anderen Worten: Ohne Terror gäbe es weder Revolution noch Sozialismus.

Gezeichnet war das Papier zum ersten Mal mit einer Selbstbezeichnung der Gruppe und einem Logo: »Rote Armee Fraktion« und den Buchstaben »RAF« auf oder unter einer Maschinenpistole, einmal in einem fünfzackigen Stern und einmal ohne. Offenbar sollte dieser Name die »Avantgarde« in die weltweite revolutionäre Bewegung einordnen.[29] Mit den sowjetischen Streitkräften, die offiziell schon seit 1946 nicht mehr »Rote Armee« hießen, hatte die Bezeichnung nichts zu tun.

Schon die abschließende Forderung des ersten Berichtes in *Agit 883* über die Baader-Befreiung hatte »Die Rote Armee aufbauen« gelautet. Die erste eigene Äußerung der Gruppe in dem Anarchistenblatt griff diesen Imperativ auf, ebenso

Ulrike Meinhof auf ihrem wenig später besprochenen Tonband. Ansonsten hatte es bis April 1971 keine Selbstbezeichnung gegeben, so dass die Zeitungen meist die Namen der beiden prominentesten Mitglieder wahlweise mit den Begriffen »Gruppe« oder »Bande«, manchmal »Gang« verbunden hatten. Fortan wollten Baader, Meinhof und Genossen »Rote Armee Fraktion« genannt werden.

Sympathisanten

Der Spiegel veröffentlichte einen vier Spalten langen Auszug aus dem »Konzept Stadtguerilla« – die Kernaussagen, reduziert um den revolutionären Schwulst. Als Titel verwendete die Redaktion das angeblich begrenzte Gewaltbekenntnis der Roten Armee Fraktion: »Wir schießen, wenn man auf uns schießt.«[30] Andere Zeitungen durchschauten die vermeintliche Distanzierung und urteilten: »Irritiert verfolgt der Bürger die dramatische Fortsetzungs-Story einer Gruppe von Menschen, die auf eine verstandesmäßig nicht mehr begreifbare Weise Politik und Kriminalität zu einem gordischen Knoten verknüpft hat und nun immer schrecklichere Stationen der Verzweiflung anzulaufen scheint.«[31]

In der Szene stieß das »Konzept Stadtguerilla« auf breite Zustimmung. Ein Bote hatte dem nun West-Berliner Linksradikalen Till Meyer Ende April 1970 einen Karton mit gedruckten Exemplaren gebracht, die er auf der Demonstration zum 1. Mai verteilen sollte. »Gierig sog ich den Text sofort in mich hinein«, erinnerte sich Meyer: »Ich war begeistert. Vor mir lag eine rundum schlüssige Schrift zur Begründung des bewaffneten Kampfes hier und jetzt!«[32] Auf der Demonstration verteilten Meyer und mindestens vier weitere Teilnehmer den Druck – er sollte die gesamte Szene erreichen und wurde in halblegalen und illegalen Blättern wie *Agit 883* veröffentlicht.[33]

Manche Prominente unterstützten die untergetauchten Mitglieder der »Stadtguerilla«; Ulrike Meinhof, die selbst fast ein Jahrzehnt lang zum Linksaußen-Establishment gezählt hatte, konnte auf Kontakte zurückgreifen. Doch gesuchte Straftäter zu verstecken war ebenfalls eine Straftat. Trotzdem reichte die Spanne der Helfer von weit links stehenden Professoren, von denen einer sogar wegen des Verdachts der Beihilfe für eine kriminelle Vereinigung zeitweise vom Dienst suspendiert wurde, über den Verleger Klaus Wagenbach, der mit der untergetauchten Meinhof in regelmäßigem Kontakt stand, bis hin zu dem für sein soziales Engagement bekannten Priester Kurt Kaiser.

Diese Prominenten waren nicht die Einzigen, die Verständnis zeigten. Mitte Juli 1971 veröffentlichte das Institut für Demoskopie Allensbach die Ergebnisse einer repräsentativen Umfrage über die Haltung der Deutschen zur RAF. Die Ergebnisse fielen besorgniserregend aus: Hochgerechnet fünf Prozent der Deutschen seien bereit, gesuchte RAF-Mitglieder zu verstecken – in Norddeutschland doppelt so viele. Von den unter 30-Jährigen äußerte sogar jeder vierte Sympathie für Baader, Meinhof und ihre Genossen. Es handele sich bei ihnen nicht um Kriminelle, sondern um Täter, die aus politischen Gründen handelten.[34]

Die Umfrage beruhte auf Interviews, die im Frühjahr 1971 nach der Veröffentlichung des »Konzeptes Stadtguerilla« geführt worden waren. Zufällig gleichzeitig mit der Veröffentlichung zeigte sich, was vom angeblichen Prinzip »Wir schießen, wenn auf uns geschossen wird« zu halten war. Für den 15. Juli 1971 hatte die Polizei in Norddeutschland eine Schwerpunktfahndung nach der Baader-Meinhof-Gruppe angesetzt. Ausgerüstet mit Maschinenpistolen und Tränengas, Funkgeräten und schusssicheren Westen kontrollierten mehr als 3000 Polizisten an strategisch wichtigen Punkten vornehmlich schnelle Autos mit jungen Insassen. Am frühen Nachmittag durchbrach in Hamburg ein BMW eine solche Kontrolle; nach der anschließenden Verfolgungsjagd sprangen die beiden Insassen, eine junge Frau und ein wenig älterer Mann, aus dem Wagen und feuerten sofort auf die Polizisten, dann flüchteten sie getrennt weiter. Den Mann verfolgte ein Polizeihubschrauber; er konnte von Beamten überwältigt werden, weil seine Waffe Ladehemmung hatte. Die junge Frau, Petra Schelm, die an der Ausbildung der »Stadtguerilla« in Jordanien und schon an mindestens zwei Banküberfällen teilgenommen hatte, feuerte weiter – sogar als ein Beamter ihr zurief: »Mädchen, mach' keinen Quatsch, gib auf.« Daraufhin schoss ein weiterer Polizist zurück und traf sie unter dem linken Auge. Tot brach Petra Schelm zusammen.[35]

Bei der nächsten Gelegenheit war das Ergebnis der Konfrontation von RAF und Polizei umgekehrt: Am frühen Morgen des 22. Oktober 1971, eines Freitags, gaben zwei Mitglieder der Gruppe, Mann und Frau, einer weiteren Frau Geleitschutz auf dem Weg zu einer Telefonzelle. Die drei fielen zwei Zivilfahndern auf. Die eine Frau rannte los, der 33-jährige Polizist Norbert Schmid hinterher. Er war schneller und packte die Flüchtende, die sofort ihre Waffe zog. Schmid schrie noch: »Mensch, die sind ja bewaffnet!« Dann trafen ihn von hinten mehrere Schüsse; er verblutete, bevor er ins Krankenhaus gebracht werden konnte. Seine Waffe steckte gesichert im Halfter.[36]

Anfang Dezember 1971 gab es den nächsten Toten, diesmal ein Mitglied der umherschweifenden Haschrebellen: Der untergetauchte Georg von Rauch fiel Zivilfahndern in Berlin-Schöneberg auf, als er einen gestohlenen Kleintransporter umparken wollte. Als sie sich ihm und seinem Begleiter näherten, eröffnete von Rauch das Feuer; im anschließenden Schusswechsel wurde ein Kriminalpolizist lebensgefährlich verletzt. »Bommi« Baumann, der ebenfalls gefeuert hatte, aber entkommen konnte, rechtfertigte sich per Interview im *Spiegel*: »Wenn Sie es knallen hören, schießen Sie automatisch zurück, das ist logisch.« Rauch starb noch am Tatort, getroffen von einer Polizeikugel.[37]

»Sechs gegen 60 Millionen«

Unmittelbar vor Weihnachten 1971 starb wieder ein Beamter. Während fünf Täter gerade eine Bank in Kaiserslautern ausraubten, fiel dem 32-jährigen Streifenpolizisten Herbert Schoner ein Wagen auf, der vor dem Geldinstitut im Halteverbot stand. Als er den Fahrer des Fluchtfahrzeugs ansprach, schoss der sofort. Der zweifache Vater Schoner torkelte getroffen in die Bank und wurde hier von einem der Räuber, der hinter der Tür stand, durch eine Kugel in den Rücken getötet. Die Täter flüchteten mit fast 134 000 Mark Beute.[38] Der Kaiserslauterer Polizeipräsident gab kurz nach der Tat bekannt: »Es ist nicht auszuschließen, dass die Baader-Meinhof-Gruppe ihre Hände im Spiel hatte.«[39] Daraus machte die *BILD*-Zeitung am folgenden Morgen die Schlagzeile: »Baader-Meinhof-Bande mordet weiter. Bankraub: Polizist erschossen.«[40]

Der angesichts des Vorgehens der Räuber, etwa der verwendeten »Doubletten« als Fluchtfahrzeuge, wohlbegründete Verdacht bestätigte sich offiziell am 9. Januar 1972: In einem Reihenhaus hatte die Polizei eine Maske entdeckt, die bei dem Überfall benutzt worden war, ein Pistolenmagazin mit der verwendeten Munition und die Fingerabdrücke eines gesuchten Mitglieds der RAF.[41] Zwei weitere Täter konnten auf Fotos mit großer Sicherheit identifiziert werden, darunter Ulrike Meinhof.[42]

Nur einen Tag nach dieser Bestätigung erschien im *Spiegel* ein Essay des Schriftstellers Heinrich Böll mit der Überschrift: »Will Ulrike Gnade oder freies Geleit?« Es handelte sich um eine Polemik gegen *BILD* im Besonderen und den Axel-Springer-Verlag im Allgemeinen. Böll, der von der Bestätigung der kritisierten Schlagzeile beim Schreiben seines Textes noch nichts wissen konnte, attackierte die angebliche »Demagogie« der zutreffenden Berichterstattung. In seinem Zorn verharmloste er die Ideologie der Baader-Meinhof-Gruppe zur »Kriegserklärung von verzweifelten Theoretikern«, deren »Theorien weitaus gewalttätiger klingen als ihre Praxis ist«. Die RAF sei nicht »so wahnwitzig wild und schießlustig«, wie sie dargestellt werde. Es handele sich um einen »Krieg von sechs gegen 60 Millionen« – eine, so fuhr Böll ironisch fort, »tatsächlich äußerst bedrohliche Situation für die Bundesrepublik Deutschland. Es ist Zeit, den Notstand auszurufen«. Dass zu dieser Zeit zwei Dutzend mutmaßliche RAF-Mitglieder steckbrieflich gesucht wurden und ein weiteres Dutzend in Haft saß, störte ihn nicht.[43] Der Schriftsteller sah das Problem im angeblich »fragwürdigen« Rechtsstaat, der in Wirklichkeit eine »gnadenlose Gesellschaft« sei. Sein Vorschlag fiel eindeutig aus: Ulrike Meinhof solle freies Geleit bekommen und Axel Springer wegen Volksverhetzung angeklagt werden.[44]

Es handelte sich um die bis dahin radikalste Sympathieerklärung eines prominenten Linken für die RAF – und sie war widerlegt, bevor sie erschien. Heftiger Protest von konservativer Seite folgte, doch erst der Ordnungsruf eines SPD-Justizministers brachte Böll zur Besinnung. Drei Wochen nach seiner Polemik schrieb er abermals im *Spiegel*: »Die

Wirkung meines Artikels entspricht nicht andeutungsweise dem, was mir vorschwebte: eine Art Entspannung herbeizuführen und die Gruppe, wenn auch versteckt, zur Aufgabe aufzufordern.« Trotzdem wollte er gleichermaßen Mitleid empfinden für die erschossenen Polizisten wie für Ulrike Meinhof, die Galionsfigur der RAF, also für die Mörder.[45]

Das Verständnis, das Heinrich Böll für Ulrike Meinhof gezeigt hatte, erboste Andreas Baader – er reagierte auf seine Weise. Der Nachrichtenagentur *dpa* ließ er einen getippten Brief zukommen, den er eigenhändig unterschrieben und mit seinem Daumenabdruck versehen hatte. Mit klar erkennbarem Bezug auf Bölls ersten Essay und eine Falschmeldung, er wolle aufgeben, schrieb er: »Ich denke nicht daran, mich zu stellen. Kein Typ von der RAF denkt daran, sich zu stellen.« Doch die Hauptsache hatte Baader sich für den Schluss aufgehoben: »Die politisch militärische Strategie der Stadtguerilla reicht vom Widerstand gegen die Faschisierung der parlamentarischen Demokratie (…) bis zum Aufbau der ersten regulären Einheiten der Roten Armee im Volkskrieg. Der Kampf hat erst begonnen.«[46]

Die Bewegung 2. Juni

Mit dem Tod von Georg von Rauch verlor die linksradikale Szene in West-Berlin ihren charismatischen Anführer. In den folgenden Wochen trafen sich die Mitglieder verschiedener, meist loser oder inaktiver Zirkel wie der Tupamaros, der Haschrebellen oder der Roten Ruhr-Armee, um über eine neue Organisation zu reden. Rund ein Dutzend junger Männer und Frauen, darunter »Bommi« Baumann und Till Meyer, Inge Viett und die erst 19-jährige Verena Becker sowie mehrere Mittäter der Banküberfälle vom 29. September 1970, schlossen sich zur Bewegung 2. Juni zusammen, was an den tödlichen Schuss auf Benno Ohnesorg 1967 erinnern sollte: »Das ist ein Datum, welches alle noch miteinander verband. Die Studenten wie auch die Jungproleten, denn damals war alles schon etwas am Auseinanderfliegen. Alle wussten, was der 2. Juni bedeutet.«[47]

Zum ersten Mal aktiv wurde die gerade erst entstehende Gruppe nach dem »Bloody Sunday«. Am 30. Januar 1972 erschossen britische Fallschirmjäger bei einer Demonstration katholischer IRA-Sympathisanten in der umstrittenen Provinz Nordirland 13 Menschen, davon sieben Jugendliche. »Für uns hieß das: »Vergeltung für den Blutsonntag von Derry«, erinnerte sich Till Meyer.[48] Am 1. Februar kaufte »Bommi« Baumann die Einzelteile für mehrere Bomben. Zusammengebastelt wurden drei Sprengsätze in einer Wohnung in der Charlottenburger Sybelstraße; die Zeitzünder sollten auf 2:15 Uhr in der Nacht eingestellt werden. Zwei Ladungen brachten die Täter in Autos mit britischen Kennzeichen unter, die vor dem britischen Offizierscasino südlich des Theodor-Heuss-Platzes abgestellt waren; den dritten Sprengsatz legten Verena Becker und zwei Mittäter im britischen Yachtclub in Gatow. Während die beiden Ladungen in den Autos zündeten, versagte die dritte Bombe. Am folgenden Tag fand der pensionierte Bootsbauer Erwin Beelitz, der sich im Yachtclub als Hausmeister ein Zubrot verdiente, die Konstruktion und nahm sie mit in seine Werkstatt. Als er sie untersuchen wollte, detonierte die Ladung und verletzte den 66-Jährigen tödlich.[49]

Während einige Mitglieder der »Bewegung 2. Juni« wegen Beelitz' Tod der Gewalt entsagten, fühlten sich andere sogar angespornt: »Der Tod des Bootsbauers im britischen Yachtclub konnte uns nicht aufhalten«, schrieb beispielsweise Inge Viett: »Ich fühlte mich nicht verantwortlich. Es berührte mich eher in einer Weise, wie es einen Menschen berührt, in dessen Bekanntenkreis jemand einen tödlichen Unfall verursacht hat.« Sie wunderte sich über die Reaktionen von Behörden und Öffentlichkeit: »Die Zeitungen machten es sehr scharf auf, die Polizei sprach von Mord. Ich hatte nicht wirklich das Gefühl, diese Sache beträfe meine Person. Mich störte nur, dass mit dieser unglücklichen Bombe ein höllisches Klima angeheizt war.«[50]

Beim Anschlag hatten die Täter einen Zettel mit der Devise »Solidarität mit der IRA, Kommando ›Rache für Londonderry‹« zurückgelassen. Den eigentlichen Namen der neuen Terrorgruppe jedoch kannten Polizei und Öffentlichkeit noch nicht; das dauerte noch einen guten Monat. Am Mittag des 2. März 1972 wollte die Polizei in Augsburg einen seit bereits vier Wochen observierten jungen Mann festnehmen, der im Verdacht stand, ein gesuchter Linksextremist zu sein. Es handelte sich um den ehemaligen Tupamaro Thomas Weißbecker. Als zwei Beamte ihn kontrollieren wollten, zog er seine Waffe; ein Polizist schoss und verletzte ihn tödlich.[51] Als »Reaktion« verübte die »Bewegung 2. Juni« kaum zwölf Stunden später einen Brandanschlag auf das Landeskriminalamt West-Berlin; es blieb bei Sachschäden. Im Bekennerflugblatt zu diesem Attentat mit der Überschrift »Jetzt reicht's!« tauchte zum ersten Mal die Selbstbezeichnung »Bewegung 2. Juni« auf.[52]

Die »Mai-Offensive«

Die Anschläge der West-Berliner Konkurrenz setzten Andreas Baader unter Druck: Er konnte es nicht mehr erwarten, endlich den »Volkskrieg« zu beginnen. Seit fast zwei Jahren lebten er und seine Gesinnungsgenossen in der Illegalität.

Sie hatten zahlreiche Straftaten begangen, von Einbrüchen über Autodiebstähle und Banküberfälle bis hin zu drei Polizistenmorden – am späten Abend des 2. März 1972 hatte das RAF-Mitglied Manfred Grashof in Hamburg den Hauptkommissar Hans Eckhardt niedergeschossen, der drei Wochen später seinen schweren Verletzungen erlag.[53] Doch das reichte Baader nicht.

Die Gruppe bereitete sich gründlich vor.[54] Im März kauften mehrere RAF-Mitglieder massenweise Chemikalien, aus denen man Sprengstoff mischen konnte, nämlich 250 Kilogramm Kalium und doppelt so viel Ammoniumnitrat, außerdem Aluminiumpulver, Schwefel, Holzkohle und Eisenoxid.[55] Die Einzelteile für Zeitzünder, also Wecker und Küchenuhren, Kabel, Batterien und Stecker, ließen sich in jedem Warenhaus erwerben; professionelle Sprengkapseln wurden in einem Steinbruch gestohlen. Wochenlang zerkleinerten mehrere RAF-Mitglieder in Frankfurt mit elektrischen Kaffeemühlen die Rohstoffe zu feinem Pulver, das im richtigen Verhältnis gemischt in leere Gasflaschen und Rohrbomben gefüllt wurde.[56] Um die Wirkung auf Menschen zu erhöhen, kamen Stahlkugeln mit verschiedenen Durchmessern hinzu – sie sollten wie Schrapnells wirken. Anfang Mai 1972 standen mehrere Dutzend Bomben in verschiedenen Größen bereit; in einer Garage in Frankfurt lagerte weiterer fertig gemischter Sprengstoff. Die RAF war gerüstet.

Das Startsignal kam indirekt aus Washington. Am 8. Mai 1972 befahl US-Präsident Richard Nixon nach einer Krisensitzung seines Sicherheitsrates die totale See- und Luftblockade Nordvietnams; am folgenden Morgen verminten amerikanische Flugzeuge die Zufahrten zu allen Häfen des kommunistischen Landes. Andreas Baader hoffte angesichts der Empörung über Nixons Befehl, mit Anschlägen auf US-

Einrichtungen am linken Rand der Gesellschaft Unterstützung für den »Volkskrieg« zu gewinnen.

Passende Ziele waren ausgespäht. Schon seit März hatten sich RAF-Mitglieder in der Nähe der früheren IG-Farben-Zentrale in Frankfurt umgesehen, die nun dem 5. Korps der US Army als Hauptquartier diente. Die Sicherheitsvorschriften wurden lasch gehandhabt: Man konnte ohne Ausweis problemlos auf das Gelände fahren. Für den Anschlag stand ein unauffälliges Auto bereit, ein gestohlener VW. Mit drei Bomben fuhren RAF-Mitglieder zum Ziel; zwei legten sie ungehindert in der Eingangshalle, eine kam in den Windfang des benachbarten Offizierskasinos. Die Zeitzünder waren auf 19 Uhr eingestellt. Wie geplant explodierten alle drei Sprengsätze innerhalb von 30 Sekunden. 14 Menschen wurden von Splittern und Schrapnellkugeln teilweise schwer verletzt, der Oberstleutnant Paul A. Bloomquist starb noch am Tatort.[57] Das Bekennerschreiben forderte »den sofortigen Abbruch der Bomben-Blockade gegen Nordvietnam« und »die sofortige Einstellung der Bombenangriffe«. Es endete mit den Worten: »Schafft zwei, drei, viele Vietnams!« Gezeichnet war das Schreiben mit »Kommando Petra Schelm«.[58]

Doch dieser Anschlag genügte Andreas Baader nicht – er wollte den Druck weiter erhöhen. Am folgenden Morgen brachte wahrscheinlich er selbst mit zwei Begleitern mehrere Sprengsätze nach Bayern. Genau um 12:15 Uhr explodierte eine erste Rohrbombe auf einem Flur der Augsburger Polizeidirektion, drei Minuten später eine weitere.[59] Eine dritte Ladung detonierte nicht, sie konnte entschärft werden. Sieben verletzte Beamte mussten stationär behandelt werden, ein Polizist überlebte nur knapp. Nur zwei Stunden später war München an der Reihe: Auf dem Parkplatz des Landeskriminalamtes flog eine mit selbstgemischtem

Sprengstoff gefüllte Gasflasche in einem Ford in die Luft.[60] Eine Frau wurde lebensgefährlich verletzt, neun weitere Menschen teilweise schwer, darunter ein zehnjähriger Junge.

Drei Tage später ging die Anschlagsserie weiter, diesmal in Karlsruhe. Mittags explodierte eine kleine Rohrbombe im VW Käfer des Ermittlungsrichters Wolfgang Buddenberg, der am Bundesgerichtshof unter anderem für Ermittlungen in politischen Strafsachen zuständig war.[61] Doch nicht der Jurist, sondern seine Ehefrau löste die Detonation aus, als sie am Mittag des 15. Mai 1972 den Motor startete. Gerda Buddenberg wurde schwer verletzt – die an die Autobatterie gekoppelte Sprengladung war so stark, dass der Beifahrersitz zerfetzt und das Schiebedach neun Meter weit fortgeschleudert wurde.

Deutschland war erschüttert von dieser Welle der Gewalt. Überall im Land schlossen Behörden ihre Gebäude für den Besucherverkehr; in Frankfurt und Hamm schickten die Gerichtspräsidenten sogar alle Justizmitarbeiter in den Zwangsurlaub. Die Mitarbeiter des Bundesgerichtshofes und der Bundesanwaltschaft wurden angewiesen, ihre Häuser und Wohnungen zu verrammeln. Opernhäuser und Theater sagten Aufführungen ab, Schulen wurden geschlossen, bundesweit hunderte Wohnungen durchsucht – ohne Erfolg. Andreas Baader hatte seine Ankündigung ernst gemeint, einen Krieg entfachen zu wollen. Doch es wurde kein »Volkskrieg«, denn das Volk geriet zum Teil zwar in Panik, schlug sich aber nicht auf die Seite der Attentäter.

Der Axel-Springer-Verlag war nicht nur Heinrich Böll verhasst – das größte deutsche Zeitungshaus galt der RAF wie der gesamten linken Szene als Hauptfeind. Mitglieder der Baader-Meinhof-Gruppe versteckten am frühen Nachmittag des 19. Mai 1972 insgesamt fünf Rohrbomben im Hamburger Verlagshaus, jede vier Kilogramm schwer.[62] Um

15:36 Uhr ging eine telefonische Warnung in der Telefonzentrale des Verlages ein: »In 15 Minuten geht eine Bombe bei euch hoch!« Eine Minute später rief derselbe junge Mann ein weiteres Mal an: »In 15 Minuten geht eine Bombe hoch. Sofort räumen!« Um 15:39 Uhr löste der Sicherheitschef des Verlages Bombenalarm aus. Es war zu spät: Um 15:41 Uhr explodierte die erste Bombe, vier Minuten später die zweite – unmittelbar zuvor hatte es einen weiteren Drohanruf gegeben: »Es knallt gleich noch einmal!« Die beiden Explosionen verletzten 23 Menschen, davon sechs schwer – der Korrektor Helmut Röhrs war erst über ein Jahr später wieder arbeitsfähig. Die übrigen drei Sprengsätze versagten und konnten entschärft werden. Getroffen wurden durchweg Arbeiter und kleine Angestellte; die beiden Bomben, die im zwölften Stock, der Etage der Verlagsleitung, versteckt gewesen waren, erwiesen sich als Blindgänger.

Das Bekennerschreiben vom folgenden Tag behauptete, man habe 26 Minuten vor der ersten Detonation »gewarnt«.[63] Damit sollte den Sympathisanten vermittelt werden, der verhasste Verlag sei eigentlich selbst schuld an den Verletzten, weil die Verantwortlichen die Räumung verweigert hätten. Doch konnte der tatsächliche Ablauf minutengenau rekonstruiert werden: Zwischen dem ersten Drohanruf und der ersten Explosion lagen genau fünf Minuten – für eine Evakuierung des großen Hauses hätte man mindestens eine halbe Stunde gebraucht.

Der fünfte und letzte Anschlag der Serie folgte am 24. Mai 1972. Ohne kontrolliert zu werden, konnten mehrere RAF-Mitglieder mit gestohlenen US-Kennzeichen, die an zwei passend entwendeten Fahrzeugen befestigt waren, auf den Parkplatz des US-Hauptquartiers in Heidelberg fahren.[64] Im Abstand weniger Sekunden detonierten um 18:10 Uhr drei Bomben, töteten die US-Soldaten Clyde R. Bonner, Ronald

A. Woodward und Charles L. Peck, verletzten mehr als zwei Dutzend weitere Menschen und hinterließen ein Trümmerfeld. Im Bekennerschreiben hieß es: »Die Menschen in der Bundesrepublik unterstützen die Sicherheitskräfte bei der Fahndung nach den Bombenattentätern nicht, weil sie mit den Verbrechen des amerikanischen Imperialismus und ihrer Billigung durch die herrschende Klasse hier nichts zu tun haben wollen.«[65]

Operation »Wasserschlag«

Das Gegenteil war der Fall: Die Bevölkerung lehnte die Eskalation einhellig ab. Selbst für überzeugte Linke waren fünf Anschläge, die vier Tote und mehr als 50 teilweise schwer Verletzte gefordert hatten, zu viel Gewalt. Sogar im radikal antiamerikanischen Milieu kippte die Stimmung. Fast alle, die gerade noch um Verständnis für die RAF geworben oder dem Staat eine Mitverantwortung an der Eskalation gegeben hatten, distanzierten sich nun. Übrig blieben von der Sympathisantenfront nur wenige, die innerlich bereits selbst kurz vor dem Schritt in den Untergrund standen.

Eine Woche später, am 31. Mai 1972, startete Horst Herold, der unkonventionelle BKA-Präsident, die Operation »Wasserschlag«: Flächendeckend wurden an diesem Mittwoch Kontrollposten eingerichtet – ähnlich wie Mitte Juli 1971 in Norddeutschland, nur mit deutlich größerem Aufwand. Für einen Tag folgten fast alle uniformierten Polizisten der Bundesrepublik den Befehlen aus Wiesbaden. Alle verfügbaren Hubschrauber drehten Schleifen über den Autobahnkreuzen, an allen Verkehrsknotenpunkten wurden Fahrzeuge überprüft. Radio- und Fernsehsender berichteten aufgeregt von der Großfahndung.[66]

Natürlich warnten Bedenkenträger in den Innenministerien der Bundesländer, der Aufwand werde keine entsprechenden Ergebnisse zeitigen. Tatsächlich konnte die Polizei am 31. Mai 1972 keine einzige Verhaftung eines Verdächtigen vermelden. An der Autobahnausfahrt bei Ingolstadt hatte ein Wagen mit Berliner Kennzeichen eine Polizeisperre durchbrochen; später stellte sich heraus, dass der Fahrer ein Scheckbetrüger auf der Flucht gewesen war. Außerdem wurden im Bahnhof von Dillingen (Saar) in Schließfächern zwei Bomben gefunden; sie waren nicht scharf. Freilich ging es bei der Operation »Wasserschlag« nicht um direkte Fahndungserfolge. Herold wollte die RAF aufscheuchen, ihre Mitglieder unter Druck setzen und zwingen, Fehler zu machen. Sein Kalkül ging auf.

Dem Hinweis eines Anwohners folgend hatte die Polizei eine Garage in Frankfurt als RAF-Stützpunkt identifizieren können.[67] Der dort gelagerte selbstgemischte Sprengstoff war durch ungefährliches Knochenmehl ersetzt worden. Hier lagen nun Beamte auf der Lauer. Am 1. Juni 1972 gegen 5:50 Uhr morgens raste ein auberginefarbener Porsche verkehrt herum durch eine Einbahnstraße zu dieser Garage. Drei junge Männer stiegen aus, zwei gingen hinein, einer blieb als Wache vor dem Bombendepot stehen. Die Polizei griff zu: Mehrere Beamte des Observationsteams näherten sich dem Wachposten. Doch das RAF-Mitglied Jan-Carl Raspe zog seine Waffe, feuerte zwei- oder dreimal und versuchte zu flüchten. Schon nach wenigen Metern wurde er gestellt und entwaffnet.[68] Durch die Schüsse waren die beiden in der Garage gewarnt worden. Holger Meins und Andreas Baader verschanzten sich und feuerten durch die Tür; unklar ist, ob sie glaubten, sie säßen auf rund zwei Zentnern empfindlichem Sprengstoff. Zumindest nahmen sie in Kauf, dass die Ladung explodieren und das Wohnhaus darüber zerstören könnte. Wollten sie ihr eigenes Leben also opfern, um möglichst viele Polizisten und Anwohner in den Tod mitzunehmen? Nach anderthalb Stunden Belagerung ließ die Polizei einen Panzerwagen anrollen. Als Baader aus der Garagentür lugte, traf ihn die Kugel eines Scharfschützen im Oberschenkel. Der RAF-Chef brach schreiend zusammen. Daraufhin gab Holger Meins auf.[69]

Die Operation »Wasserschlag« hatte sich als Erfolg erwiesen und wirkte sogar fort: Nach der in Fernsehen und Radio verbreiteten Nachricht von der Dreifach-Festnahme waren nun die übrigen gesuchten RAF-Mitglieder noch nervöser als gewöhnlich. Sechs Tage später fiel der Verkäuferin einer Boutique in Hamburg auf, dass eine gehetzte Kundin eine Waffe in ihrer Jacke hatte; sie rief die Polizei. Gudrun Ensslin versuchte noch, ihre Pistole zu ziehen, wurde aber überwältigt.[70]

Am 9. Juni 1972 gelang in West-Berlin der nächste Schlag: Beamte nahmen Brigitte Mohnhaupt und einen Begleiter fest; ihre durchgeladenen Waffen konnten die beiden nicht mehr benutzen. Auf die Spur gekommen war die Polizei der Berliner Logistikerin der RAF, weil nach einer Explosion in einem teuren Apartmenthaus am Bahnhof Zoo am 1. Juni 1972 ein geheimes Waffenlager gefunden worden war.[71] Anhand eines Fingerabdrucks konnte Mohnhaupt als mutmaßliche Nutzerin identifiziert werden; den Fahndern fielen ihr Begleiter und sie wenige Tage später auf, weil sie sich offenbar verfolgt fühlten.[72]

Am 15. Juni 1972 schließlich meldete sich bei der Polizei ein Grundschullehrer aus Hannover, der ehemals zur Szene der RAF-Sympathisanten gezählt hatte. Zwei unbekannte Personen, eine Frau und ein Mann, hätten in seiner Wohnung übernachtet. Gegen 19 Uhr überwältigten vier Polizisten in der Wohnung eine hagere Frau mit kurzen und struppigen, schwarz gefärbten Haaren. Ulrike Meinhof, deren Begleiter kurz zuvor auf der Straße festgenommen worden war, hatte ein ganzes Waffenarsenal bei sich: zwei selbstgebastelte Handgranaten und eine 4,5 Kilogramm schwere Bombe, Pistolen und eine Maschinenpistole, dazu reichlich Munition. Da sie sich weigerte, ihre Identität zu bestätigen, wurde gegen ihren Willen ihr Kopf geröntgt – seit einer Operation 1962 hatte sie fünf Metallklammern im Schädel.[73]

Ein Kassiber

Damit war die Führung der RAF festgenommen; gefahndet wurde nur noch nach Randfiguren. Die Sonderkommission Baader-Meinhof des BKA zeigte sich zufrieden: »Es bleibt zu hoffen, dass bewaffnete Gewalt und Terror sich als Mittel der politischen Auseinandersetzung in unserem Lande nicht wiederholen.«[74] Doch die Hoffnung trog.

Das hätte den Fahndern klar sein können, denn es gab ein spektakuläres Indiz: Ulrike Meinhof hatte bei ihrer Festnahme in Hannover zwei mit Schreibmaschine getippte Seiten bei sich. Darin berichtete Gudrun Ensslin von ihrer Festnahme in Hamburg und dem anschließenden Transport per Hubschrauber nach Essen. Und sie gab in eindeutigem Ton verschlüsselte Anweisungen an Meinhof: »Befehl, mach' die Fresse zu und bleib' im Loch.« Mehrere mit Codewörtern benannte Wohnungen sollten geräumt und gereinigt werden, damit die Polizei dort keine Beweismittel mehr finden könne. Dagegen sollte der Vermieter der wichtigsten konspirativen Wohnung der RAF, der Bombenwerkstatt in Frankfurt, unbedingt weiter bezahlt werden, mit immerhin 680 Mark im Monat, per Umschlag in den Briefkasten. Außerdem sollte Meinhof dafür sorgen, dass noch zwei Bombenanschläge in Hamburg verübt würden, »davon einmal Amerika (möglichst!) und einmal wie besprochen«.[75]

Wie war dieses Schreiben zu Meinhof gekommen? Ensslin war kurz nach ihrer Festnahme in Hamburg nach Essen verlegt worden. Hier hatte sie genau einmal auswärtigen Besuch bekommen: Ihr Verteidiger Otto Schily führte am 12. Juni 1972 ein mehr als zweistündiges Gespräch mit seiner Mandantin. Ansonsten kannte Ensslin niemand in dem Gefängnis, saß von anderen Inhaftierten getrennt und hatte kein Geld zur Verfügung, mit dem sie etwa das Justizpersonal hätte bestechen können. Über eine Schreibmaschine verfügte sie ebenso wenig. Dennoch wurden die beiden getippten Blätter schon drei Tage nach Schilys Besuch bei Ensslin im Besitz von Meinhof in Hannover sichergestellt, und die ersten Weisungen daraus waren bereits umgesetzt worden. Der Weg der umfangreichen Weisungen von der Haftanstalt Essen zur untergetauchten Adressatin hatte gerade 24, maximal 36 Stunden gedauert. Die Polizei war sich sicher, dass Schily der Bote gewesen sein und zudem gewusst haben müsse, wie die meistgesuchte Frau der Bundesrepublik zu erreichen sei. Der zuständige Richter am Bundesgerichtshof sah das ähnlich und schloss den Anwalt wegen Teilnahme an den Verbrechen seiner Mandantin von der Verteidigung aus.[76]

Schily bestritt jede Verwicklung. Er wandte sich ans Bundesverfassungsgericht, beklagte eine Beschränkung seiner Berufsfreiheit und bekam Recht: Er wurde wieder zur Verteidigung von Gudrun Ensslin zugelassen. Die Karlsruher Richter hatten rein formalistisch entschieden, weil es kein Gesetz gab, aufgrund dessen wahrscheinliche Unterstützungshandlungen von Anwälten bei Verbrechen ihrer Mandanten zur Gefahrenabwehr sanktioniert werden durften. Zwar hieß es im Beschluss: »Das Bundesverfassungsgericht verkennt nicht, dass mit diesem Ergebnis ein höchst unbefriedigender Rechtszustand aufgedeckt worden ist, dessen Aufrechterhaltung sich mit dem Interesse an einer geordneten Strafrechtspflege in keiner Weise vereinbaren lässt. Der Gesetzgeber wird daher die Voraussetzungen des Verteidigerausschlusses in naher Zukunft zu regeln haben.«[77]

Der Kassiber hatte tödliche Folgen: Mehrere Bemerkungen über einen »Mac« führten zu einem Polizeieinsatz bei dem 34-jährigen Schotten Ian MacLeod in Stuttgart.[78] Er war in Verdacht geraten, Sympathisant zu sein, weil seine zeitweilige Wohnung nach seinem Auszug von der RAF benutzt worden war, während er dort noch gemeldet war und das Telefon auf seinen Namen lief. MacLeod reagierte angesichts des bewaffneten Polizeitrupps vor seiner neuen Wohnung falsch und verweigerte den Beamten den Zutritt, anstatt sich sofort zu ergeben. Ein Beamter fühlte sich bedroht, schoss und tötete den Geschäftsmann. Fünf Wochen später stellte sich heraus, dass MacLeod mit der Weitervermietung seiner vorherigen Wohnung nichts zu tun gehabt hatte. Zu den drei erschossenen Polizisten und den vier bei Bombenattentaten getöteten US-Soldaten kam nun noch ein indirektes Todesopfer der RAF hinzu.

Ensslins Kassiber blieb kein Einzelfall. Nach der tragisch verlaufenen Geiselnahme israelischer Sportler während der Olympischen Spiele in München am 5. September 1972 mit elf toten Israelis verfasste Ulrike Meinhof im Namen der RAF ein langes Pamphlet. Darin lobte sie die Aktion der »palästinensischen Genossen«. Sie habe »das Wesen imperialistischer Herrschaft und des antiimperialistischen Kampfes auf eine Weise durchschaubar und erkennbar gemacht wie noch keine revolutionäre Aktion in Westdeutschland und West-Berlin«, war also für Meinhof besser gelungen als alle Anschläge der RAF. Der Überfall auf die israelischen Sportler sei »gleichzeitig antiimperialistisch, antifaschistisch und internationalistisch« gewesen und habe »eine Sensibilität für historische und politische Zusammenhänge dokumentiert, die immer nur das Volk hat«.[79]

Das Pamphlet erreichte Gudrun Ensslin, die daraufhin Horst Mahler, den sie für den Autor hielt, in einem weiteren Kassiber scharf attackierte: »Einfach Scheiße (…). Es wäre besser gewesen, wenn es vorher andere gelesen hätten (…). Haben uns mal kurz gefragt, warum Du's nicht vorher mal rüberreichst.« Schon im Herbst 1972 war es offensichtlich selbstverständlich für die inhaftierte RAF-Mitglieder, sich auszutauschen, obwohl laut Paragraf 119 der Strafprozessordnung mutmaßliche Komplizen in Untersuchungshaft keinen Kontakt miteinander haben sollen, um Absprachen zu verhindern. Eine Kopie der Kritik Ensslins erreichte auch Ulrike Meinhof, die ihren Text in einer weiteren Schrift verteidigte.[80]

»Isolationsfolter«

Die nächste Attacke der RAF traf die Behörden unvorbereitet: »Ab heute fresse ich nichts mehr, bis sich die Haftbedingungen geändert haben«, verkündete Andreas Baader am 17. Januar 1973 vor dem Berliner Landgericht. Er war als Zeuge der Verteidigung in einem weiteren Prozess gegen Horst Mahler geladen, der sich dem angekündigten Hungerstreik sofort anschloss. Bald verweigerten 18 RAF-Gefangene das Essen. Die Begründung für den ersten kollektiven Hungerstreik der deutschen Justizgeschichte erfuhr die Öffentlichkeit aus einer Erklärung, die mehrere Verteidiger am 17. Januar 1973 veröffentlichten: »Die Existenz von Folter ist Ausdruck des schleichenden Faschismus, der sich in das

Gewand von Rechtmäßigkeit zu hüllen sucht.« Die Wortwahl entsprach exakt jener der RAF. Die Anwälte drohten: »Gegen Folter helfen Rechtsmittel nicht.«[81] Trotzdem legten sie im Namen ihrer Mandanten Verfassungsbeschwerde gegen die Haftbedingungen ein.

Während die Verfassungsrichter berieten, veröffentlichten die Anwälte am 5. Februar 1973 eine weitere Erklärung. Die »brutale Isolierung« gleiche dem »Vollzug der Todesstrafe an der Psyche der Gefangenen«.[82] Am 8. Februar wandte sich der *Konkret*-Herausgeber Klaus Rainer Röhl an seine Leser. Unter der Überschrift »Recht für Ulrike Meinhof« plädierte er für seine geschiedene Ehefrau, die Mutter der gemeinsamen Zwillingstöchter: »Die angeordneten Maßnahmen, insbesondere die totale soziale Kontaktlosigkeit, gehen weit über das hinaus, was auch bei weitester Auslegung des Sicherheitsbedürfnisses notwendig wäre.«[83]

Die Gefangenen würden nicht nur isoliert, sondern zusätzlich einer »sensorischen Deprivation« ausgesetzt, also dem vorsätzlichen Entzug äußerer Reize. Der niederländische Psychiater Sjef Teuns behauptete, gegen »politische Gefangene in der Bundesrepublik« würden Methoden eingesetzt, die man als »tendenziellen Massenmord à la Auschwitz« begreifen müsse. Es handele sich um eine »drastische Einschränkung der sinnlichen Wahrnehmung«, also um eine »Aushungerung der Seh-, Hör-, Riech-, Geschmacks- und Tastorgane«.[84]

Als im Mai 1973 die Veröffentlichung der Entscheidung in Karlsruhe anstand, verschärften die RAF-Anwälte ihre Kampagne weiter und gründeten in mehreren bundesdeutschen Universitätsstädten »Komitees gegen Isolationsfolter in den Gefängnissen der BRD«. Bei der Gründung eines solchen Komitees in Frankfurt am 11. Mai 1973 spitzte der Soziologe Christian Sigrist die Behauptungen der RAF noch zu: »Es ist die Aufgabe aller demokratischen Kräfte, diese mit den Blutmalen des Faschismus befleckte Justiz daran zu hindern, die Vernichtungsstrategie der herrschenden Klasse zu Ende zu führen und an diesen antiimperialistischen Kämpfern ein Exempel zu statuieren, das auf Jahre hinaus zur Lähmung des Widerstandspotenzials in Westdeutschland führen könnte.« Aus Mördern waren »antiimperialistische Kämpfer« geworden, aus dem Rechtsstaat eine »mit den Blutmalen des Faschismus befleckte Justiz«.[85] Sigrist übertraf damit sogar Heinrich Böll.

Trotzdem lehnte das Bundesverfassungsgericht am 17. Mai 1973 bei einer Gegenstimme die Verfassungsbeschwerden von Andreas Baader, Ulrike Meinhof und anderen RAF-Mitgliedern ab.[86] Die Verfassungsrichter konnten nicht anders, denn die Vorwürfe waren völlig aus der Luft gegriffen. So hatte Ulrike Meinhof in den ersten gut sechs Monaten ihrer Haft, in denen sie laut ihrem Ex-Mann angeblich unter »totaler sozialer Kontaktlosigkeit« gelitten haben sollte, nachweislich 48-mal Besuch erhalten. Darunter waren 18 Besuche von Verwandten, unter anderem mehrfach von ihren zehnjährigen Zwillingstöchtern; die übrigen 30 oft mehrstündigen Gespräche führten Meinhofs Anwälte mit ihrer Mandantin. Andreas Baader erhielt in der gleichen Zeit 26 Besuche, von seinen Verteidigern und seiner Mutter.[87] Auf sogar 45 Besuche ihrer Anwälte von durchschnittlich drei Stunden Dauer sowie 28 Besuche von Angehörigen und Bekannten im gesamten Jahr 1972 kam Astrid Proll, ein nicht so prominentes, seit 1971 inhaftiertes RAF-Mitglied; Gerhard Müller, der mit Meinhof festgenommen worden war, empfing 35 Besuche seit Juni 1972.[88]

Außerdem hatten alle RAF-Gefangenen jederzeit die Möglichkeit, mit Ärzten und Anstaltsgeistlichen zu sprechen, mit Justizpersonal sowieso. Sie erhielten Zeitungen und Zeitschriften nach Wunsch; Meinhof und Ensslin zum Beispiel hatten je rund zehn Blätter abonniert, darunter die *Frankfurter Rundschau* und *WELT* sowie *Spiegel* und *Stern*. Beide verfügten über deutlich mehr als hundert Bücher nach eigener Wahl.[89] Alle RAF-Gefangenen durften Radio hören, teilweise Fernsehen schauen. Sie konnten außerdem in unbegrenzter Zahl Briefe schreiben und empfangen, die zensiert wurden. Zusätzlich gab es die Verteidigerpost, die nicht kontrolliert werden durfte. »Reizentzug« konnte man das kaum nennen und ebenso wenig »Isolation«.

Obwohl die angebliche »Vernichtungshaft« eine freie Erfindung war, verschafften die Klagen darüber den RAF-Gefangenen eine Bedeutung, die sie während ihrer zwei Jahre im Untergrund nie gehabt hatten. Die Terrorwelle des Mai 1972 schien auf einmal vergessen. Den »Anti-Folter-Komitees« schlossen sich binnen Jahresfrist rund 450 Mitglieder an, die Flugblätter verteilten, Demonstrationen organisierten und zum Beispiel Büros der Menschenrechtsorganisation Amnesty International besetzten. Die Komitees erwiesen sich als wichtigstes Rekrutierungsreservoir für künftige RAF-Mitglieder; fast alle, die ab 1973 neu zu der Gruppe stießen, waren zuvor in den Komitees aktiv gewesen. Horst Mahler, der sich selbst an den Hungerstreiks beteiligt hatte, nannte die Vorwürfe der RAF wegen der vermeintlichen »Isolationshaft« später eine »Propagandalüge, darauf berechnet, die Linke in der Bundesrepublik moralisch zu erpressen«.[90]

Die Rolle der Anwälte

Während die Kampagne gegen die vermeintliche »Isolationshaft« die linke Öffentlichkeit beschäftigte, bauten mehrere RAF-Verteidiger ein illegales Kommunikationssystem auf, das schlicht »Info« genannt wurde. Nicht alle Anwälte beteiligten sich daran; Otto Schily lehnte die Mitwirkung eigenen Angaben zufolge ab. Hingegen waren die Kanzleien von Klaus Croissant in Stuttgart, von Hans-Christian Ströbele in West-Berlin und von Kurt Groenewold in Hamburg sehr aktiv. Croissant selbst besuchte Inhaftierte aus dem RAF-Umfeld zwischen März 1975 und Juni 1977, also in 27 Monaten, 183-mal; außerdem schickte er 226 vertrauliche Briefe.[91] Noch aktiver waren jüngere Anwälte. Arndt Müller aus der Kanzlei Croissant erhielt den Spitznamen »Reiseanwalt«, weil er allein zwischen Oktober 1975 und Juni 1977 auf 536 Besuche bei inhaftierten RAF-Mitgliedern kam.[92] Sein Kollege Armin Newerla traf binnen eines Jahres 187-mal verurteilte oder angeklagte Terroristen im Gefängnis persönlich, darunter besonders oft Ingrid Schubert meist in Stammheim: 97-mal.[93] Bei ihren Mandantenbesuchen schmuggelten diese drei und andere Anwälte oder Referendare Botschaften aus den Haftanstalten und hinein. Freie Mitarbeiter aus dem Umkreis der Komitees sortierten sie, kopierten die Papiere und stellten sie in Paketen zusammen, die dann meist als Verteidigerpost deklariert in die Haftanstalten geschickt wurden – der besondere Schutz der Beziehung zwischen Anwalt und Mandant führte dazu, dass diese Sendungen nicht geöffnet werden durften. Die Zentrale des »Info« war Groenewolds Büro; insgesamt dürften 1972 bis 1977 auf diesem Weg mehrere hundert Botschaften mit tausenden einzelnen Seiten ausgetauscht worden sein. Eine wohl noch von Baader und Ensslin selbst getroffene Auswahl umfasste allein aus dem Zeitraum April 1974 bis November 1976 immerhin 106 meist mehrseitige Schreiben.[94]

Die Behörden wussten spätestens im Juli 1973, dass ein illegales Postsystem die über die ganze Bundesrepublik verteilten Gefangenen miteinander verband; bei Durchsuchungen in den Zellen waren fast drei Dutzend Papiere aus dem »Info« beschlagnahmt worden. Natürlich wussten das Justizpersonal und die Terrorfahnder, wie der Schmuggel funktionierte. Doch aus Gründen der Rechtsstaatlichkeit durften sie die Anwälte und ihre Post nicht durchsuchen. »Es war ein Wahnsinn«, fasste der BKA-Beamte Alfred Klaus die Situation bündig zusammen.[95]

Veröffentlichen jedoch durften die Behörden diese Botschaften, denn niemand erhob Ansprüche auf die Urheberschaft. So publizierte das Bundesinnenministerium zum Beispiel einen Befehl, der auf dem Briefpapier der Kanzlei Groenewold geschrieben war und sich in Baaders Zelle fand: »Keiner spricht mit den Bullen. Kein Wort. Keiner spricht mit Journalisten. Wenn sie Sprechscheine haben, weigern wir uns, sie zu sehen. (…) Keiner macht Zeugenaussagen.«[96]

Das Ministerium veröffentlichte das sichergestellte Material in einer 165-seitigen Broschüre; sie widerlegte jeden Vorwurf einer »Isolation«. Jedoch nannten die Beamten das Heft *Dokumentation über Aktivitäten anarchistischer Gewalttäter in der Bundesrepublik Deutschland.* Angesichts dieses eher abschreckenden Titels, der zudem weder die Namen Baader oder Meinhof enthielt noch die Schlüsselwörter RAF oder Terroristen, blieb die Resonanz in der Öffentlichkeit gering. Die Chance, aus den Funden eine Abwehrkampagne gegen die Vorwürfe unmenschlicher Haftbedingungen zu machen, war vertan.

Festnahme der Nachfolger

Während die Anwälte das »Info« ausbauten, bildete sich eine neue illegale Gruppe. Zu ihr gehörten mehrere nach kürzeren Strafen auf Bewährung aus der Haft entlassene Mitglieder der RAF – zum Beispiel Helmut Pohl, der 1971 für Baader und Meinhof Autos gestohlen hatte. Außerdem Eberhard Becker, einer der Wahlverteidiger Baaders. Er tauchte im Herbst 1973 unter, obwohl er verheiratet war und zwei kleine Kinder hatte.[97] Täter aus diesem Kreis hatten bereits am 6. August 1973 eine Bank in der Fuhlsbütteler Straße in Hamburg überfallen, um die Kriegskasse aufzufüllen – Beute: fast 90 000 Mark.[98]

Doch der Aufbau einer neuen Gruppe erfolgte unter Aufsicht durch die Behörden: Der Hamburger Verfassungsschutz hatte einen Tipp bekommen und überwachte daraufhin monatelang zwei konspirative Wohnungen, die hessischen Kollegen observierten unterdessen zwei weitere Objekte in Frankfurt. Zivilbeamte waren dabei, sooft die Verdächtigen im Intercity der Bundesbahn zwischen beiden Städten pendelten. In der Nacht zum 5. Februar 1974 schlug die Polizei zu und nahm insgesamt acht Verdächtige fest, drei Frauen und fünf Männer. Der Einzige, der nicht durch bereits registrierte Fingerabdrücke direkt identifiziert werden konnte, erwies sich nach Veröffentlichung seines Fotos in Zeitungen als Eberhard Becker.[99]

In den durchsuchten Wohnungen stellten die Behörden genügend Pistolen, Maschinenpistolen und selbstgefertigte Bomben, außerdem 30 Handgranaten, Tränengas und sogar mehrere Tretminen sicher, »um eine kleine Privatarmee auszurüsten«.[100] Zudem fielen der Polizei eine Fälscherwerkstatt und rund hundert manipulierte oder falsche Ausweise in die Hände. In den vier Wohnungen fanden sich acht

Exemplare des Rowohlt-Krimis *Die Mörder von morgen*, den die Gruppe zum Verschlüsseln wichtiger Nachrichten benutzt hatte – einschließlich einer Anleitung.[101] Ebenfalls sichergestellte Pläne zeigten, dass die neue Gruppe vor allem ein Ziel hatte: Andreas Baader aus der Haft zu befreien. Dazu sollte Josef Augstein als Geisel genommen werden, der Bruder des *Spiegel*-Herausgebers und einer der prominentesten Anwälte der Bundesrepublik. Mit ihm als menschlichem Schutzschild wollte sich die Gruppe den Zugang zum hessischen Gefängnis Schwalmstadt erzwingen und dann mit dem prominentesten Insassen verschwinden. Notfalls sollte der Weg freigeschossen und -gebombt werden.[102]

Ferner fand man Weisungen von Baader aus seiner Zelle an die neue illegale Gruppe. Er forderte Becker, Pohl und die anderen auf, aktiv zu werden: »Überhaupt wird es absolut Zeit, dass man erfährt, dass es Euch gibt. Es ist wichtig für die Komitees und die Prozesse.« Als Devise für mögliche Ziele gab er an: »Angreifen so weit oben wie möglich.« Ziele könnten die Bundesanwaltschaft sein oder der dritte Senat des Bundesgerichtshofes, der für die meisten Revisionsverfahren und Beschwerden der inhaftierten RAF-Mitglieder zuständig war. Ferner schlug Baader Geiselnahmen vor, um Gefangene freizupressen – zum Beispiel sozialdemokratische Bundestagsabgeordnete, »aber die richtige Fraktion innerhalb der SPD«, oder »möglicherweise auch Richter, wobei gar nicht mal so wichtig ist, dass sie mit unseren Verfahren befasst sind, solange Ihr mehrere schnappen könnt«.[103]

Der ehemalige Rechtsanwalt Eberhard Becker, der eher durch Polit-Klamauk aufgefallen war als durch versierte juristische Kenntnisse, erhielt wegen Unterstützung einer kriminellen Vereinigung eine Haftstrafe von viereinhalb Jahren; gegen die anderen Festgenommenen wurden zwischen zwei und acht Jahre verhängt. Ihnen allen konnte nur die

Unterstützung der RAF nachgewiesen werden, nicht jedoch die Teilnahme an Anschlägen. »Es ist ein Verdienst von Polizei und Verfassungsschutz, dass nicht mehr passiert ist«, sagte der vorsitzende Richter der zuständigen Strafkammer.[104] Gleichwohl warnte er, es bestehe »eine besonders große Gefahr des Rückfalls«.[105]

Holger Meins' Tod

Nachdem eine gewaltsame Befreiung vorerst gescheitert war, begannen die inhaftierten RAF-Mitglieder einen neuen Hungerstreik.[106] In einer über das »Info«-System verteilten Botschaft hatte Baader befohlen: »Ich denke, wir werden den Hungerstreik diesmal nicht abbrechen. Das heißt, es werden Typen dabei kaputtgehen.«[107] Um zu verhindern, dass sich einer der Gefangenen zu Tode hungerte, setzten die Vollzugsbeamten auf richterlich angeordnete Zwangsernährung. Doch die Patienten wider Willen wehrten sich mit Händen und Füßen gegen die Einführung der Sonde in die Nase oder den Mund, mit der die Nährlösung eingeflößt werden sollte.

Als das inhaftierte RAF-Mitglied Manfred Grashof Ende Oktober 1974 freiwillig wieder Nahrung zu sich nahm, beschimpfte ihn Holger Meins, einer der radikalsten unter den Gefangenen: »Du blöder Idiot.« Im wirren RAF-Slang schrieb Meins: »Du machst nicht mehr weiter mit, bringst Dich in Sicherheit, gibst den Schweinen damit einen Sieg, heißt lieferst uns aus, bist Du das Schwein, das spaltet und einkreist, um selbst zu überleben.«[108] Nach Erhalt dieses Kassibers verweigerte Grashof erneut die Nahrungsaufnahme.

Nicht bei allen hungernden Gefangenen half die Zwangsernährung; besonders vom Typ her hagere Menschen waren akut gefährdet. Unter den RAF-Mitgliedern war der 33-jährige Meins der Schlaksigste, und er wehrte sich besonders heftig. Die anderen Häftlinge erfuhren durch ihre Anwälte von seinem schlechten Zustand. Anfang November wog der 1,83 Meter große Mann nur noch 40 Kilogramm. Dennoch ermunterte Gudrun Ensslin ihn in einem Kassiber, weiter zu hungern: »Du bestimmst, wann Du stirbst. Freiheit oder Tod.«[109]

Am 9. November 1974, einem Samstag, versagte im Gefängnis Wittlich der Kreislauf von Holger Meins wegen akuter Auszehrung. Sein Wahlverteidiger Siegfried Haag hatte ihn noch kurz vorher besucht und verkündet: »Tatsache ist, dass bei Holger Meins die Vernichtungshaft durch langsames Verhungernlassen auf seinen Tod abzielt.«[110] Eine erstaunliche Behauptung angesichts der Tatsache, dass Meins nicht nur selbst jede Nahrungsaufnahme verweigert und sich gegen die Zwangsernährung gewehrt, sondern einen anderen Gefangenen unter Druck gesetzt hatte, dasselbe zu tun.

Informiert vom Netzwerk der RAF-Anwälte, begannen sofort gewalttätige Demonstrationen. In West-Berlin zogen 800 überwiegend Vermummte über den Kurfürstendamm, schrien »Nieder mit den Mördern von Meins«, warfen Schaufenster ein und lieferten der Polizei eine Straßenschlacht; in Frankfurt musste das Rathaus wegen einer Bombendrohung geräumt werden und in Bayern sprühten Sympathisanten Losungen wie »Rache für Holger« an Kirchen.[111]

Mit Meins hatte die extreme Linke ihren ersten echten Märtyrer – gestorben in staatlicher Verwahrung und angeblich an den Folgen seines »Kampfes« gegen die »Isolationsfolter«. Bei der Beerdigung neun Tage später in Hamburg versammelten sich rund tausend vorwiegend jugendliche Trauernde auf dem Friedhof. Der ehemalige SDS-Anführer Rudi Dutschke erhob über dem offenen Grab symbolisch die Faust und rief: »Holger, der Kampf geht weiter!« Von der naheliegenden Vermutung, es habe sich bei seinen Worten um ein Bekenntnis zum Terrorismus gehandelt, distanzierte er sich umgehend per Leserbrief.[112]

Richtermord in West-Berlin

Der Hungertod von Holger Meins setzte auch die Bewegung 2. Juni unter Druck – so empfanden es zumindest verschiedene Mitglieder: »Wir wollen zurückschlagen und überlegen fieberhaft, wo und wen wir aus dem Stand heraus angreifen können. Sie sollen spüren, dass die Vernichtung unserer Gefangenen sie etwas kosten wird«, erinnerte sich Inge Viett an den 9. November 1974: »Das Volksgefängnis ist fertig, wir werden uns den höchsten Richter Berlins greifen und hineinstecken.«[113] Günter von Drenkmann, der Präsident des Berliner Kammergerichts, wurde eher zufällig zum Ziel. Ohnehin passte er gerade nicht ins Feindbild der Terroristen, denn das 1910 geborene SPD-Mitglied gehörte zu den wenigen deutschen Juristen seiner Generation, die völlig unbelastet durch die NS-Zeit gekommen waren: Er hatte sich standhaft geweigert, der Hitler-Partei beizutreten, und konnte deshalb im Dritten Reich nicht Richter werden.[114] Seit 1967 leitete er das Oberlandesgericht in West-Berlin, das aus Traditionsgründen Kammergericht hieß.

Obwohl unbekannte Täter schon 1970 Drenkmanns Dienstzimmer an der Charlottenburger Witzlebenstraße mit Brandsätzen angegriffen und einen Sachschaden von 200 000 Mark verursacht hatten, lebte der ranghöchste Richter der Stadt völlig ungeschützt in einer Hochparterrewohnung im bürgerlichen Ortsteil Neu-Westend.[115]

Am Sonntagabend, dem 10. November 1974, klingelte

gegen 20:30 Uhr jemand an der Haustür des Mietshauses Bayernallee 10/11 bei Drenkmanns und gab sich als Fleurop-Bote aus. Er wolle Blumen überbringen. Weil der Richter am Tag zuvor 64 Jahre alt geworden war, betätigte seine Frau den Summer der Haustür. Doch der späte Bote schien ihr merkwürdig, also öffnete sie die Wohnungstür nur einen Spalt und legte die Sperrkette vor. Zwei oder drei junge Männer, von denen einer tatsächlich einen Strauß rote Nelken in der Hand hielt, kamen schnell die Treppe herauf. Mit Gewalt drückten sie die Tür auf und griffen im Flur den Kammergerichtspräsidenten an, der seiner Frau zur Hilfe eilen wollte. Die Täter riefen: »Verfluchter Kerl, komm mit!« Es kam zu einem Handgemenge. Dann hob einer der Täter seinen Revolver und schoss Günter von Drenkmann dreimal in die Brust. Weil die Waffe mit Dumdum-Geschossen geladen war, starb das Opfer sofort – es war eine Hinrichtung.[116]

Nachbarn sahen nach den Schüssen insgesamt fünf Männer fluchtartig das Haus verlassen und zu zwei mit laufendem Motor auf der gegenüberliegenden Straßenseite wartenden Fahrzeugen rennen, an deren Steuer jeweils ein Mann saß. Es handelte sich sich um einen weißen Mercedes und einen hellen Peugeot. Sie verschwanden spurlos.[117]

Im Bekennerschreiben rechtfertigte die Gruppe ihre Tat mit der angeblichen »Ermordung Holgers« und behauptete: »Wer Gewalt sät, wird Gewalt ernten.«[118] Das war besonders zynisch, denn Günter von Drenkmann war als Zivilrichter niemals mit Strafrecht befasst und hatte selbst als ranghöchster Richter der geteilten Stadt keine direkte Zuständigkeit für die hier geführten RAF-Prozesse gehabt. Sympathisanten der RAF begrüßten den Mord an Drenkmann gleichwohl als »Teil der Solidarität mit dem Hungerstreik« und bekannten: »Wir weinen dem toten Drenkmann keine Träne nach. Wir freuen uns über seine Erschießung.«[119]

Sartre in Stammheim

Wenige Tage nach dem Tod von Holger Meins und dem Mord an Günter von Drenkmann veröffentlichte Ensslins Verteidiger Otto Schily im *Spiegel* einen Gastbeitrag und nannte die Haftbedingungen seiner Mandantin »Verwesung bei lebendigem Leibe«.[120] Das war kreativ, denn zu diesem Zeitpunkt saß die gesamte RAF-Führung bereits gemeinsam in dem modernen, erst 1964 errichteten Gefängnis Stuttgart-Stammheim. Gudrun Ensslin und Ulrike Meinhof waren bereits seit fast einem halben Jahr hier, Baader war am 7. und Raspe am 11. November 1974 dazugekommen. Im eigens umgebauten siebten Stock befanden sich die Zellen der RAF-Gefangenen auf demselben Flur, in einem separaten Hochsicherheitstrakt. Sie durften bald mehrere Stunden pro Tag frei und unkontrolliert zusammen verbringen, hatten Radio, Plattenspieler und Fernsehen in ihren Zellen, verfügten über zusätzliche Zellen mit wohlgefüllten Regalen für Bücher und für Prozessunterlagen, eine Sportzelle mit Fitnessgeräten sowie eine »Fresszelle« mit Obst und anderen Vorräten. Der Hochsicherheitstrakt verfügte sogar über eine eigene Terrasse in luftiger Höhe für den Freigang – mit Gitternetzen geschützt gegen einen Befreiungsversuch per Hubschrauber.[121]

Hier ließ Baader seinen nächsten PR-Coup folgen. Der RAF-Anwalt Klaus Croissant hatte den französischen Philosophen Jean-Paul Sartre gewonnen, nach Stammheim zu kommen. Nach einigem Hin und Her – Sartre war weder ein Verwandter noch ein Anwalt, sein Besuch beim Untersuchungsgefangenen Andreas Baader daher eigentlich nicht genehmigungsfähig – gestattete das zuständige Gericht die Visite; man hoffte wohl, damit einem öffentlichkeitswirksamen Desaster zu entgehen. Das Gegenteil trat ein: Croissant hatte Sartre bestens vorbereitet; sogar so gut, dass der Schriftsteller schon in einem Interview mit Alice Schwarzer für den *Spiegel*, das zwei Tage vor seinem Besuch erschien, genau wusste, was ihn in Stammheim angeblich erwartete: »Ich hoffe, auf der Pressekonferenz, die ich anschließend machen werde, ein bisschen mehr über die Lebensbedingungen von Baader und seinen Genossen bekanntgeben zu können und die Öffentlichkeit über die schreckliche Situation dieser Leute in der Isolierhaft zu informieren.« Es handele sich zwar nicht um »klassische Folter«, meinte Sartre und ergänzte: »Aber das, was da so anonym und indirekt mit den Gefangenen geschieht, kommt auf dasselbe raus.«[122]

Grundlage von Sartres Ansicht über die Haftbedingungen der RAF-Gefangenen war eine »Dokumentation« über die »Isolationsfolter«, die kurz zuvor in seiner eigenen Zeitschrift *Les Temps Modernes* veröffentlicht worden war; zu den Verfassern zählte Klaus Croissant. Am 4. Dezember 1974 traf der Philosoph in Stammheim ein, sprach über Dolmetscher eine Stunde lang in einer bis auf Tisch und Stühle leeren Besuchszelle mit Andreas Baader und fuhr danach zu einer internationalen Pressekonferenz in ein Stuttgarter Hotel. Dort erhob der 69-jährige Franzose schwere Vorwürfe. »Baader und die anderen leben in einer weißen Zelle. In dieser Zelle hören sie nichts außer dreimal am Tag die Schritte der Wächter, die das Essen bringen. 24 Stunden lang brennt das Licht. Abends um elf Uhr wird bei Baader das Licht gelöscht, bei anderen Häftlingen überhaupt nicht.« Nichts davon traf zu, wie *Der Spiegel* berichtete: »Woher Sartre das wohl weiß? Die Zellen von Baader und Genossen sind cremefarben gestrichen, neben Bett und Schrank stehen Schreibtische und Bücherregale, Radio und Schreibmaschine, und Landkarten hängen an den Wänden. Zeitschriften und Zeitungen werden nach Wahl geliefert, Hunderte von Büchern stehen zur Verfügung, Lenins Werke ebenso wie wissenschaftliche Ausarbeitungen über Aufgaben und Arbeitsweise des BKA.«[123] Trotzdem verfestigte sich dank des »Kronzeugen« aus Paris in der linken Öffentlichkeit die Überzeugung, die RAF-Gefangenen würden in Stammheim unmenschlich behandelt.

Die Entführung von Peter Lorenz

Nach der zum Mord eskalierten geplanten Geiselnahme Günter von Drenkmanns drängte es die Mitglieder der Bewegung 2. Juni, ihr vorbereitetes »Volksgefängnis« zu nutzen. Als Opfer wählten sie um den Jahreswechsel 1974/75 Peter Lorenz aus, den Vorsitzenden der West-Berliner CDU, der bei den bevorstehenden Wahlen zum Abgeordnetenhaus am 2. März als Spitzenkandidat seiner Partei antrat. Am 27. Februar 1975 gegen 8:50 Uhr fingierten insgesamt neun Terroristen einen Auffahrunfall an einer Kreuzung nahe von Lorenz' Privathaus im Berliner Bezirk Zehlendorf. Sein Fahrer wurde von einem verkleideten Straßenfeger mit einem Bleirohr niedergeschlagen, und Till Meyer bedrohte mit einem Gewehr Passanten und Anwohner. Doch Lorenz wehrte sich vehement gegen seine Verschleppung und trat die Windschutzscheibe des Wagens ein. Die Terroristen versuchten, ihr Opfer zu betäuben, was jedoch nicht gelang. Erst als einer der Täter drohte: »Denk' mal an Drenkmann!«, gab der Entführte seinen Widerstand auf.[124]

Die Täter fuhren in eine Tiefgarage, wechselten dort den Fluchtwagen. Wenig später zwangen sie ihr Opfer, in eine Holzkiste zu steigen. Dann brachten sie Lorenz in den vorbereiteten Keller in der Kreuzberger Schenkendorfstraße 7, den sie »Volksgefängnis« nannten. Während die Fahndung anlief, meldeten sich die Entführer telefonisch beim BKA in Wiesbaden und kündigten ein Schreiben mit Forderungen an. Es traf am folgenden Vormittag als Eilbrief beim dpa-Büro in Berlin ein und enthielt neben zwei Fotos des entführten Lorenz umfangreiche Forderungen: Sechs inhaftierte Linksterroristen sollten, begleitet von Heinrich Albertz, dem früheren Regierenden Bürgermeister von West-Berlin, mit einer Langstreckenmaschine an ein Ziel ihrer Wahl ausgeflogen werden, ausgestattet mit je 20 000 DM. Als Zeichen der »Solidarität« handelte es sich um drei Mitglieder der Bewegung 2. Juni, zwei der RAF und um Horst Mahler.[125] Allerdings lehnte Mahler es ab, freigepresst zu werden; die RAF hatte ihn ein halbes Jahr zuvor ausgeschlossen, weil er sich angeblich mit »Denunziationen« einen »Freispruch zu erkaufen« versucht habe.[126]

Die Entscheidung fiel am 2. März 1975, zufällig dem Tag der Abgeordnetenhauswahl in Berlin, bei der die Geisel als Spitzenkandidat der CDU-Liste antrat. Bundeskanzler Helmut Schmidt, gesundheitlich schwer angeschlagen, fehlte lange bei der entscheidenden Beratung des Krisenstabes, kam erst zum Ende dazu und akzeptierte das Votum, zu dem sich die Teilnehmer in seiner Abwesenheit durchgerungen hatten: Austausch zu den Bedingungen der Täter.[127] Am 3. März 1975 morgens startete die Boeing 707 mit fünf freigepressten Terroristen; erst auf dem Flug erfuhr die Besatzung, dass Aden im Südjemen das Ziel sein sollte. Nach ihrer Ankunft erhielt Albertz das Codewort für die Freilassung von Peter Lorenz: »Ein Tag, so wunderschön wie heute.« Nach fast sieben Tagen Geiselhaft wurde der Berliner CDU-Chef von seinen Entführern freigelassen.

Die Mitglieder der Bewegung 2. Juni fühlten sich als Sieger, denn sie hatten die Bundesregierung zum Nachgeben gezwungen. Doch Schmidt, nun gesundheitlich wieder hergestellt, machte per Regierungserklärung im Bundestag klar, dass aus dem Austausch von Lorenz nicht auf eine generelle Bereitschaft der Politik gefolgert werden könne: »Es wird immer wieder terroristische Aktionen geben, und wir werden uns in jeder konkreten Situation immer wieder neu zu entscheiden haben, wie wir ihnen begegnen wollen und wie wir ihnen begegnen müssen.«[128] Einer der Entführer von Peter Lorenz, Till Meyer, erkannte bei dieser Rede: »Noch mal gibt der Staat nicht nach.«[129]

Geiselnahme in Stockholm

Nach der Entführung von Peter Lorenz drängte Baader in Stammheim über seine Anwälte die Sympathisanten der RAF, möglichst alle inhaftierten Terroristen freizupressen. Der Druck kam an: Nach mehreren Wochen Vorbereitung stürmten am 24. April 1975 kurz vor der Mittagszeit sechs RAF-Mitglieder, teilweise rekrutiert aus den »Anti-Folter-Komitees«, die bundesdeutsche Botschaft in Stockholm.[130] Sie nannten sich »Kommando Holger Meins«, nahmen zwölf Botschaftsmitarbeiter als Geiseln und verlangten die Freilassung von insgesamt 26 RAF-Gefangenen, einschließlich Baader, Ensslin und Meinhof. Die maskierten Terroristen drohten den Männern und Frauen in ihrer Gewalt, die gefesselt an der Wand des Botschafterbüros standen: »Legen Sie sich auf den Boden, Gesicht nach unten. Falten Sie die Hände im Nacken. Wer sich umsieht oder spricht, den erschießen wir!«[131] Nach zwei Stunden töteten sie den Militärattaché Andreas von Mirbach, um ihren Forderungen Nachdruck zu verleihen. Außerdem verminten sie den dritten Stock des Gebäudes.

Diesmal blieb die Bundesregierung hart und lehnte ein

Nachgeben einstimmig ab.[132] Sonst, warnte Helmut Schmidt, »zerbröckelt jede Autorität des Rechtsstaats«.[133] Der CDU-Chef Helmut Kohl unterstützte den Kanzler: »Der Staat darf sich von Gangstern nicht in die Knie zwingen lassen.«[134] Ähnlich sah es der SPD-Fraktionsvorsitzende Herbert Wehner, der die anstehende Landtagswahl in Nordrhein-Westfalen im Blick hatte.[135] Als die Geiselnehmer von der Ablehnung der Bundesrepublik erfuhren, töteten sie gegen 22:20 Uhr eine weitere Geisel, den Wirtschaftsattaché Heinz Hillegaart. Die Situation war höchst gespannt, als um 23:46 Uhr plötzlich die Sprengladungen detonierten. Einer der Terroristen sagte dem als Geisel gehaltenen Botschafter unmittelbar danach: »Das ist aus Versehen passiert.«[136] Ein RAF-Mitglied wurde tödlich verletzt, ein weiteres, Siegfried Hausner, trug lebensgefährliche Verbrennungen davon. Die verbliebenen Geiseln konnten verletzt flüchten; ein Botschaftsmitarbeiter musste zwei Monate in ein künstliches Koma versetzt werden und blieb infolge seiner Verletzungen stark eingeschränkt, ein weiterer war zu hundert Prozent erwerbsunfähig. Siegfried Hausner, der den Überfall geleitet hatte, starb kurz darauf auf der Krankenstation im Gefängnis Stammheim. Wieder suchte die RAF die Schuld beim Staat. Ein nach der Explosion festgenommener Mittäter schrieb an die Wand seiner Zelle: »Siegfried Hausner, in Kriegsgefangenschaft ermordet« und kündigte an: »Stockholm war nur der Anfang. Es lebe die Weltrevolution.«[137]

Wie tödlich ernst das gemeint war, zeigte sich am 9. Mai 1975: In den frühen Morgenstunden dieses Freitages schoss Werner Sauber, der vermutlich zu den Entführern von Peter Lorenz gehört hatte, in Köln auf zwei Polizisten, die ihn und zwei Begleiter auf einem Supermarktparkplatz kontrollieren wollten. Der 22-jährige Hauptwachtmeister Walter Pauli starb, der gleichaltrige Polizeimeister Dietmar Grüne wurde lebensgefährlich verletzt, traf aber zuvor noch den Schweizer Unternehmersohn Sauber, der verblutete.[138] Verletzt und festgenommen wurde der linksradikale Arzt Karl-Heinz Roth. Obwohl er bewaffnet gewesen war, konnte ihm nicht zweifelsfrei nachgewiesen werden, dass er von Saubers Tötungsabsicht gewusst hatte; er wurde vom Vorwurf des gemeinschaftlichen Mordes freigesprochen und erhielt nur wegen unerlaubten Waffenbesitzes eine hohe Geldstrafe.[139]

»Stammheimer Landrecht«

Vier Wochen nach dem Drama von Stockholm begann am 21. Mai 1975 in Stuttgart-Stammheim der aufwendigste Strafprozess der bundesdeutschen Rechtsgeschichte.[140] Eigens für das Verfahren gegen die Köpfe der RAF war direkt neben dem Gefängnis Stammheim für sechs Millionen Mark eine »Mehrzweckhalle« errichtet worden. Fast tausend Zeugen und 80 Sachverständige wurden im Verlauf des Verfahrens geladen, etwa 40 000 Asservate vom gesicherten Fingerabdruck bis zur 33 Kilogramm schweren Bombe lagen vor, die Ermittlungsunterlagen umfassten mehr als 150 Leitz-Ordner. 353 Seiten umfasste die Anklageschrift; es ging um vier Morde und mehr als 50 Mordversuche, dazu zahlreiche weitere Delikte. Fünf Richter waren aufgeboten, zwei mehr als eigentlich notwendig; so sollte verhindert werden, dass das Verfahren platzte, falls einer oder sogar zwei der Richter ausscheiden müssten. Denn mit Ablehnungsanträgen wegen angeblicher Befangenheit musste ständig gerechnet werden; am Ende waren es 95. Den Umgang mit diesen Anträgen attackierten die Wahlverteidiger wiederum – einer schimpfte, »freigeschöpftes Stammheimer Landrecht« scheine »Bundesrecht zu brechen«.[141]

Leiten musste das Verfahren der Strafrichter Theodor Prinzing. Der 49-Jährige galt als souveräner Vorsitzender, der einiges wegstecken konnte, ohne die Ruhe zu verlieren; rückblickend allerdings sagte er: »Dass es so schlimm werden würde, das hätte niemand gedacht.«[142] Die vier Angeklagten wollten das Verfahren zur Bühne für ihre Propaganda machen. Dabei halfen ihnen ihre Wahlverteidiger, die das Gericht mit unzähligen Anträgen beschäftigten, um das Verfahren zu verzögern; erst nach 25 Verhandlungstagen begann überhaupt die Verlesung der Anklageschrift. Geschickt spielten die Anwälte mit den Möglichkeiten des Rechtsstaates und behaupteten etwa, ihre Mandanten seien nicht verhandlungsfähig; deshalb dürfe gegen sie nicht verhandelt werden. Doch die gesundheitlichen Einschränkungen der Angeklagten gingen auf Hungerstreiks zurück, waren also selbst verursacht.

Ein Großteil des Verfahrens fand ohne sie statt. Wenn die Angeklagten nicht aus angeblich gesundheitlichen Gründen fehlten, dann mussten die vier RAF-Anführer oft ausgeschlossen werden, weil sie die Richter auf übelste Weise beleidigten. So sagte Andreas Baader, das Gericht sei nichts anderes als ein »Rattenhaufen«, und beschimpfte Prinzing wiederholt als »Nazischwein«. Ulrike Meinhof variierte die Beleidigung und schleuderte dem Vorsitzenden »faschistisches Staatsschwein« entgegen. Gudrun Ensslin griff zu Bezeichnungen wie »altes Schwein« oder »alte Sau«. Wenn die Richter den Angeklagten nach solchen Verbalinjurien die Mikrofone abdrehten, reagierten Baader und Ensslin mit Gebrüll, bis sie abgeführt wurden. Manchmal drohten sie: »Mit Ihnen sprechen wir nicht, auf Sie schießen wir.«[143]

Doch in manchen Prozessphasen blieben die Angeklagten vergleichsweise ruhig. Einige zufällig erhaltene Tonbandaufnahmen dokumentieren, dass Baader vor Gericht mitunter weder schrie noch tobte, sondern sich eher »ganz auf der Höhe des zeitgenössischen Antiimperialismus-Geschwafels« präsentierte. Selbst Drohungen gegen Prinzing stieß er diesen Aufzeichnungen zufolge in fast nüchternem Ton vor. Ensslin äußerte sich zumindest teilweise »in feinstem Honoratiorenschwäbisch, aber sonst sachlich wie eine Klassensprecherin, die nichts Schlimmeres als den Wunsch der Mitschüler an einer Raucherecke auf dem Schulhof vorträgt«.[144]

Manchmal gelang es den Richtern durchaus, die Angeklagten zu stellen. Als Baader einmal betonte, niemand könnte behaupten, dass er oder die anderen Angeklagten mit der Geiselnahme in Stockholm »etwas zu tun hätten«, fragte Prinzing geistesgegenwärtig nach: »Heißt das, dass Sie sich von den Vorfällen in Stockholm distanzieren?« Nuschelnd antwortete Baader: »Ich distanziere mich von der Aktion in Stockholm selbstverständlich nicht.«[145]

Die Angeklagten bestritten die ihnen zur Last gelegten Verbrechen nicht. Sie behaupteten vielmehr, sie hätten als Soldaten im Krieg gehandelt. Ensslins Verteidiger Otto Schily verlangte, den früheren US-Präsidenten Richard Nixon und seinen Verteidigungsminister als Zeugen zu laden, außerdem fast die gesamte Bundesregierung mit dem ehemaligen Kanzler Willy Brandt an der Spitze. Damit sollte bewiesen werden, dass die USA in Vietnam das Völkerrecht verletzten, die Bundesrepublik dabei geholfen habe und deshalb die Anschläge auf US-Einrichtungen als »Nothilfe« gerechtfertigt gewesen seien. Das Gericht ließ nicht zu, dass der Prozess in eine Sackgasse manövriert wurde – es lehnte derart unsinnige Beweisanträge ab. Alles andere hätte bedeutet, der RAF-Führung nachzugeben und eine politische Diskussion zu führen, statt über konkrete Morde, Bombenanschläge und andere Verbrechen zu verhandeln. Sein Ziel hatte Schily klar formuliert: »Das ist kein Strafverfahren, sondern eine politisch-militärische Auseinandersetzung.«[146]

Meinhofs Selbstmord

»Guten Abend, meine Damen und Herren. Die Anarchistin Ulrike Meinhof, eine der Angeklagten im Baader-Meinhof-Prozess, hat sich das Leben genommen.« Mit diesen Worten begann am Sonntag, dem 9. Mai 1976, die 20-Uhr-Ausgabe der *Tagesschau*.[147] Gut zwölf Stunden zuvor, exakt um 7:34 Uhr, hatte der diensthabende Justizbeamte die Zelle 719 im siebten Stock des Gefängnisses Stammheim aufgeschlossen. Mit Schrecken sah er, dass Ulrike Meinhof am Gitter ihres Zellenfensters hing; der Strick war aus in Streifen gerissenen Anstaltshandtüchern zusammengeknotet. Jede Hilfe kam für die 41-Jährige zu spät, denn sie war schon seit Stunden tot. Umgehend ordnete die Gefängnisleitung die Obduktion der Leiche an, die ein klares Ergebnis brachte: Selbstmord durch Strangulierung, keine Fremdeinwirkung. Das wollte Meinhofs Halbschwester nicht glauben, denn ihr hatte Ulrike angeblich versichert, ein Selbstmord käme für sie nicht in Frage. Die Schwester und Meinhofs Verteidiger verlangten eine zweite Obduktion durch andere Gerichtsmediziner und bekamen sie – mit identischem Ergebnis. Trotzdem verkündete Jan-Carl Raspe am nächsten Verhandlungstag: »Wir glauben, dass Ulrike hingerichtet worden ist. Wir wissen nicht, wie, aber wir wissen, von wem.«[148]

In Wirklichkeit hatte Ulrike Meinhof sich im Frühjahr 1976 in einer psychischen Ausnahmesituation befunden: Andreas Baader, an dem sie mit einer Mischung aus unerwiderter Liebe und Unterwürfigkeit hing, demütigte sie ein ums andere Mal. Er zerriss ihre nächtens getippten Traktate, ohne nur ein Wort gelesen zu haben, und verhöhnte sie. Zudem setzte Gudrun Ensslin sie mit Kritik im »Info« gruppenintern unter Druck. Sie warf Meinhof »Verrat« vor – der Grund: »die nicht mit Stiel und Stumpf ausgerissene falsche Klasse«. Hämisch schrieb Ensslin über die »deklassierte, gedemütigte, gefangene Kolumnistin« und nannte Meinhof »giftig und triefäugig«. Meinhof reagierte mit radikaler Selbstkritik: »Tatsache ist – ich habe mich fürchterlich weit von Euch entfernt. Fehler, Verrat (...), ich war einfach eine elitäre Sau – ich wollte alles besser und aus mir selbst wissen. Eine blöde intellektuelle Schnalle.«[149]

Der letzte Anstoß zum Suizid kam wohl am 4. Mai 1976. Vor Gericht distanzierte sich Gudrun Ensslin von dem Anschlag auf den Axel-Springer-Verlag, den Ulrike Meinhof vier Jahre zuvor organisiert hatte: »Insofern sind wir sicher auch verantwortlich für Aktionen von Kommandos, zum Beispiel gegen das Springer-Hochhaus, deren Konzeption wir nicht zustimmten und die wir in ihrem Ablauf abgelehnt haben.«[150] Meinhof war an diesem Tag nur kurz erschienen und gleich wieder in ihre Zelle verschwunden – sie ahnte vielleicht, was kommen würde, und wollte sich diese Blamage ersparen.

In der ganzen Bundesrepublik kam es nach Bekanntwerden von Meinhofs Tod zu Straßenschlachten. In Frankfurt fügten RAF-Sympathisanten mit Molotow-Cocktails zwei Polizisten lebensgefährliche Brandverletzungen zu und in West-Berlin mussten 14 Personen verletzt in Krankenhäuser eingeliefert werden; in München detonierte eine Bombe offenbar vorzeitig in einem Schließfach und richtete deshalb nur Sachschaden an. In Paris, Toulouse und Nîmes, in Zürich sowie in Rom und Mailand kam es zu Brand- oder Sprengstoffanschlägen, die mit Protesten wegen Meinhofs Tod in Verbindung standen. Ziele waren bevorzugt die Niederlassungen deutscher Firmen, teilweise wurden Flugblätter mit RAF-Parolen gefunden.

Zu Meinhofs Beisetzung am 15. Mai 1976 pilgerten rund 4000 Anhänger auf einen Parkfriedhof in West-Berlin; eines der gezeigten Plakate lautete: »Ulrike Meinhof, wir werden Dich rächen.«[151] Als der Sarg ins Grab gesenkt wurde, erklang ein kommunistisches Kampflied: »Die letzte Schlacht gewinnen wir!«. Der Dichter Erich Fried hatte ein Telegramm geschickt, das am Rand des Grabes verlesen wurde; Ulrike Meinhof sei »die bedeutendste Frau in der deutschen Politik seit Rosa Luxemburg« gewesen, hieß es darin.[152] Anschließend gab es mehrere Grabreden, von Klaus Croissant und Otto Schily, außerdem von Klaus Wagenbach, der sagte: »Was Ulrike Meinhof umgebracht hat, waren die deutschen Verhältnisse.«[153] Zu einer Störung kam es, als plötzlich ein junger Berliner schrie: »Die Meinhof hat fünf unschuldige Menschen auf dem Gewissen. Habt ihr das vergessen?«[154] Er wurde niedergeschlagen und weggezerrt.

Andreas Baader wusste den Selbstmord für seine Zwecke zu nutzen: Er ließ über Anwälte und Sympathisanten die Behauptung verbreiten, Ulrike Meinhof sei kurz vor ihrem Tod vergewaltigt worden. Das hatte die gerichtsmedizinische Untersuchung zwar als falsch erwiesen, doch als Gerücht kursierte die Behauptung trotzdem weiter. Mit einiger Mühe brachten die Verteidiger eine nicht besonders prominent besetzte »internationale Untersuchungskommission« zusammen, die nach zweieinhalb Jahren erwartungsgemäß zu dem Ergebnis kam: »Die Behauptung der Behörden, Ulrike Meinhof habe sich durch Erhängen selbst getötet, ist nicht bewiesen, und die Untersuchungen der Kommission legen den Schluss nahe, dass sich Ulrike Meinhof nicht selber erhängen konnte.«[155] Allerdings war der Bericht dieser Kommission handwerklich so schlecht, dass niemand ihn ernst nahm – zumal die entscheidende Frage nicht gestellt wurde: Welches Interesse hätte der Staat am Tod der Angeklagten Ulrike Meinhof haben sollen?

Die zweite Generation

Neuaufbau

Einen Tag vor Meinhofs Suizid beging die nächste RAF-Generation ihren ersten Mord. Zwei Streifenpolizisten wollten in einem Wald südlich von Frankfurt einige junge Leute kontrollieren. Plötzlich zogen zwei von ihnen Waffen und schossen; eine Kugel traf Polizeimeister Fritz Sippel in den Kopf. Die fünf jungen Leute konnten flüchten, der Beamte starb noch am Tatort.[1] Bei den mutmaßlichen Tätern handelte es sich um Rolf Clemens Wagner und Peter-Jürgen Boock; beide zählten zur neu formierten Gruppe.

Geleitet wurde sie von Siegfried Haag. Der ehemalige Wahlverteidiger von Holger Meins und Andreas Baader war kurz nach dem Überfall auf die Botschaft in Stockholm festgenommen worden, weil er nach Erkenntnissen des Bundeskriminalamtes Anfang März 1975 in der Schweiz die Waffen für das Attentat besorgt haben sollte. Doch der Ermittlungsrichter beim Bundesgerichtshof sah keinen hinreichenden Tatverdacht und weder Flucht- noch Verdunkelungsgefahr – er lehnte den Erlass eines Haftbefehls ab. Nach einer Nacht in der Zelle kam Haag wieder frei. Die Bundesanwaltschaft legte Widerspruch ein, mit Erfolg: Am 15. Mai 1975 erging schließlich doch ein Haftbefehl.

Inzwischen war Haag, bei dem angeblich keine Fluchtgefahr bestand, untergetaucht. Der Chefredakteur der *BILD am Sonntag*, Peter Boenisch, fragte in einem Leitartikel fassungslos: »Ob unsere Justiz wohl je den Umgang mit Terroristen lernt?«[2] Haag hatte seinen Schritt in einer Presseerklärung begründet, datiert auf den 11. Mai 1975. Er werde seine »Freiheit nicht wieder bedrohen lassen« und seinen Beruf als Rechtsanwalt nicht länger ausüben, hieß es darin. Es sei an der Zeit, »im Kampf gegen den Imperialismus wichtigere Aufgaben in Angriff zu nehmen«. Es sei unmöglich, länger zu arbeiten in »einem Staat, der Verteidiger mit dem gesamten Arsenal der psychologischen Kriegsführung durch die Massenmedien in Hetzkampagnen diffamiert, ausschließt, kriminalisiert und schließlich zu verhaften sucht«.[3] Haag war nach Horst Mahler und Eberhard Becker bereits der dritte Baader-Verteidiger, der seine bürgerliche Existenz für ein Leben im Untergrund aufgab.

Nun organisierte Haag die Gruppe neu. Er gewann bislang nicht gefasste Illegale, einige nach Ablauf ihrer Strafen freigelassene RAF-Mitglieder sowie Nachwuchs aus dem Umfeld der Anti-Folter-Komitees. Nach rund einem Jahr Vorbereitung reisten mindestens neun Mitglieder in den Südjemen, wohin bereits im März 1975 die fünf durch die Lorenz-Entführung freigepressten Anarchisten ausgeflogen worden waren.[4] Zumindest Verena Becker schloss sich hier der zweiten RAF-Generation an. Außerdem konnte Haag auf zwei Dutzend Unterstützer zurückgreifen, die noch legal lebten und nicht gesucht wurden.[5]

Nahe der Hauptstadt Aden lernte die Kerngruppe in einem Ausbildungslager der sozialistischen »Volksfront zur Befreiung Palästinas« den Umgang mit Waffen und Sprengstoff. Außerdem schmiedete die Gruppe Pläne. Die zweite Generation hatte zwei Ziele: Zum einen die Rache an der Justiz, vor allem an Generalbundesanwalt Siegfried Buback, zum anderen die Freipressung der RAF-Gründer. An erster Stelle habe die Losung »Der General muss weg« gestanden, gab Peter-Jürgen Boock fast 35 Jahre später an.[6] Direkt danach sollte ein möglichst hoher Repräsentant des »Systems« als Geisel genommen werden. Die RAF-Mitglieder stellten eine Liste mit 15 potenziellen Opfern zusammen.

Im Herbst 1976 kam die in Aden ausgebildete Gruppe wieder zurück nach Mitteleuropa – wohl auf »Schleichwegen«.[7] Ende Oktober 1976 kauften Haag und zwei Gefolgsleute, darunter Christian Klar, in Norditalien legal drei Revolver und eine Pistole.[8] Zwei Wochen später versammelten sich etwa elf Illegale in einem Ferienhaus bei Goslar und konkretisierten die in Aden entworfenen Pläne. Günter Sonnenberg und ein weiteres RAF-Mitglied bekamen den Auftrag zu testen, ob mit einer auf das Dach eines Wagens abgelegten Bombe ein Anschlag verübt werden könne. Das erwies sich als nicht praktikabel – die Sprengladung rutschte beim Anfahren zu leicht herunter. Also blieb nur eine andere Möglichkeit: ein Feuerüberfall vom Motorrad aus.

Festnahme auf der A5

Ein Zufall warf die Planungen der RAF zurück.[9] Auf der Autobahn A5 nördlich von Frankfurt ignorierte am 30. November 1976 ein Opel Admiral die Aufforderung der Polizei, bei einer Routinekontrolle anzuhalten. Die Limousine wurde wenig später an einer Baustelle mit einem quer gestellten Streifenwagen blockiert, die Insassen zum Aussteigen aufgefordert, was sie widerstandslos taten. Beide Männer waren bewaffnet, im Fond des Admiral lag zusätzlich eine Maschinenpistole. Aufgrund ihrer Fingerabdrücke wurden sie bald identifiziert – es handelte sich um Siegfried Haag und einen bei Hausbesetzungen in Hamburg aufgefallenen 22-Jährigen. Im Kofferraum fanden die Ermittler weitere Waffen und viel

Munition. Haag hatte außerdem 500- und 100-Mark-Scheine bei sich, die bei Banküberfällen in Köln am 20. September und in Hamburg am 15. November 1976 erbeutet worden waren. Die gefälschten Papiere der beiden Festgenommenen stammten aus Österreich; die Ausweise waren blanko bei einem Einbruch entwendet worden.

Mit Haag fielen den Beamten mehr als 120 Blatt Aufzeichnungen in die Hände – wie bei der RAF üblich nicht im Klartext, sondern verschlüsselt. Dennoch ließ sich daraus ableiten, dass Haags Gruppe mindestens elf Mitglieder hatte und derzeit fünf Aktionen plante: »Margarine« im nördlichen Schwarzwald, also möglicherweise in Karlsruhe, dem Sitz der Bundesanwaltschaft und des Bundesgerichtshofes; »Big Money«, dem Begriff nach wohl eine größere Geldbeschaffung; »Big Raushole« – vermutlich eine Geiselnahme zur Freipressung der RAF-Inhaftierten; schließlich zwei Aktionen der »Filiale 1« und »Filiale 2«, wohl einen weiteren Banküberfall und einen Einbruch in ein »Amt«, vermutlich um weitere Blankoausweise zu erbeuten.[10] Außerdem legte ein detaillierter Tagesplan bis zum 11. Dezember 1976 nahe, dass eine größere Aktion unmittelbar bevorstand. Das BKA empfahl die verstärkte Bewachung potenzieller Terrorziele: Vor US-Dienststellen bezogen Soldaten mit scharfen Waffen Posten, die Zentralen von Konzernen und viele Behörden verstärkten ihren Objektschutz. Doch zunächst geschah nichts. Weil die RAF mit Haag »einen ihrer Führer verloren« hatte, wie die Bundesanwaltschaft vermutete?[11]

Die Hoffnung war verfrüht, wie ein Banküberfall in Wien am 13. Dezember 1976 zeigte.[12] Ein Mann und eine Frau stürmten eine Filiale der Creditanstalt nahe der Wiener Staatsoper, ein weiterer Maskierter hielt auf dem Bürgersteig Passanten in Schach. Mit einer Beute von rund vier Millionen Schilling (umgerechnet knapp 600 000 Mark) flohen die drei und schossen einen Polizisten nieder sowie einen Passanten, der sich ihnen in den Weg stellte. Beim erfolglosen Versuch, ein Taxi als Fluchtfahrzeug zu kapern, wurde die Bankräuberin angefahren und blieb verletzt liegen; ihre Komplizen flüchteten mit einem Teil des Geldes weiter. Die Frau wurde festgenommen; es handelte sich um Waltraud Boock, die Frau von Peter-Jürgen Boock. Sie verlangte einen bestimmten Anwalt zu sprechen: Klaus Croissant. Ein deutlicher Hinweis, dass die Bankräuber zur RAF zählten. Die Bestätigung lieferte die Untersuchung von Waltraud Boocks Revolver: Es war eine jener Waffen, die Haag und Klar sechs Wochen zuvor in Norditalien gekauft hatten.

Treffen an der Nordsee

Nach Haags Festnahme trafen sich die Mitglieder der zweiten Generation erneut; diesmal in einem Ort an der holländischen Küste.[13] Wohl über den Jahreswechsel 1976/77 beschlossen sie, an den vier neben dem Banküberfall geplanten Aktionen festzuhalten. Laut Peter-Jürgen Boock setzten sich die weiblichen RAF-Mitglieder, die noch radikaler waren als die männlichen, durch – zwei Männer, Willy-Peter Stoll und Knut Folkerts, seien den Gesprächen über Tage ferngeblieben, um ihren Protest gegen die weibliche Machtübernahme auszudrücken.[14]

Wohl am 3. oder 4. Januar 1977 endete dieses Treffen – jedenfalls befanden sich die Teilnehmer Christian Klar und Günter Sonnenberg am Abend des 5. Januar 1977 bereits im äußersten Südwesten der Bundesrepublik.[15] Gegen 19:10 Uhr an diesem Mittwoch wollten die beiden bei Riehen von Deutschland aus in die Schweiz gelangen. Es handelte sich, wie der aus dem benachbarten Lörrach stammende Klar wusste, um einen Grenzübergang, den eigentlich nur Einheimische benutzten und an dem Fußgänger deshalb selten kontrolliert wurden. Die beiden Männer fielen allerdings aus weiterer Entfernung zwei Schweizer Zollbeamten auf, weil einer einen Aktenkoffer trug – für Einheimische eher ungewöhnlich. Per Funk warnten sie ihren Kollegen Urs Bettschart, der an diesem Abend Dienst am Übergang hatte. Er forderte die beiden Fußgänger auf, ihre Papiere vorzulegen. Klar hatte einen dänischen Pass bei sich, Sonnenberg ein in Hamburg ausgestelltes Dokument. Bettschart wunderte sich, dass zwei angeblich Ortsfremde zu Fuß gerade diesen Übergang benutzen wollten; zudem sprach der »Däne« akzentfrei deutsch. Er forderte die beiden auf, ihn ins Zollbüro zu begleiten. Klar zog einen Revolver und feuerte fünfmal. Dann versuchte er, ein vorbeifahrendes Auto zu kidnappen, was misslang. Schließlich flüchteten Klar und Sonnenberg zu Fuß. Bettschart hatte Glück im Unglück: Obwohl von drei Kugeln getroffen, erlitt er keine lebensbedrohlichen Verletzungen; schon am 18. Februar 1977 kehrte er in den Dienst zurück.

Die Rolle der Frauen

Die Behörden wussten, dass sie einen Fehler machten, doch sie konnten nicht anders. Bis auf den letzten Tag hatte Brigitte Mohnhaupt ihre Haftstrafe von vier Jahren und acht Monaten abgesessen, die sie wegen ihrer Rolle als RAF-Logistikerin und wegen eines tätlichen Angriffs auf eine Justizangestellte im Gefängnis bekommen hatte. Weil es keine zulässige Möglichkeit gab, sie länger festzuhalten, musste sie am 8. Februar 1977 freigelassen werden. Die letzten fast sechs Monate ihrer Strafe verbüßte sie im siebten

Stock in Stammheim; Gudrun Ensslin hatte diese Verlegung nach dem Selbstmord von Ulrike Meinhof erzwungen, indem sie mit Hungerstreik drohte. Aus Sorge vor einer weiteren Kampagne gab das Gericht nach.[16] So verbrachte Mohnhaupt täglich mehrere Stunden mit Baader und Ensslin.

Sie bereiteten ihre neue Zellengenossin auf die ihr zugedachte Rolle als Statthalterin der inhaftierten RAF-Führung vor. In einem Kassiber teilten die Stammheimer nach der Festnahme von Siegfried Haag mit, dass Mohnhaupt »ne Art Befehlsgewalt« haben werde, sobald sie wieder frei sei.[17] Als die Bundesanwaltschaft die bereits vollzogene Entlassung bekanntgab, raunte eine Zeitung: »Die Behörden befürchten, dass sie nach ihrer Entlassung wieder im Untergrund verschwinden wird.«[18] Tatsächlich ließ sie sich damit zwei Wochen Zeit. Vor dem Abtauchen brachte sie noch das Büro des Rechtsanwaltes Klaus Croissant auf Linie. Dann war es soweit: Ende Februar 1977 ging Brigitte Mohnhaupt wieder in die Illegalität.

Dass die Terrorgruppe eine Chefin bekam, war konsequent. Schon bei Baaders Befreiung im Mai 1970 hatten Frauen die führende Rolle gespielt. Die Ideologie der RAF war von zwei Frauen dominiert worden, Ensslin und Meinhof; die meisten für die Öffentlichkeit bestimmten Rechtfertigungen stammten von ihnen. Andreas Baader beherrschte die Gruppe zwar durch cholerische Ausbrüche und herrisches Auftreten, trug aber nichts Relevantes zur vermeintlich politischen Selbstdarstellung der RAF bei.[19] Ausweislich der Fahndungslisten stellten Frauen stets rund die Hälfte der Illegalen – das war erstaunlich, denn Gewaltkriminalität begingen zu mehr als neunzig Prozent Männer.[20] Vor der RAF waren zum Beispiel Bankräuberinnen in Deutschland praktisch unbekannt.

Die westdeutsche Gesellschaft reagierte verstört auf die ungewohnt aktive Rolle der Frauen: So wurde vermutet, Studentinnen seien aus sexueller »Hörigkeit« in die RAF geraten und zu »Gangsterbräuten« oder »Flintenweibern« geworden.[21] Oder der Irrweg in die Gewalt wurde auf tatsächliche oder vermeintliche lesbische Orientierung zurückgeführt. Der harschen Gudrun Ensslin attestierte man, sie habe noch männlicher sein wollen als die Männer. Bei Ulrike Meinhof mutmaßten sogar Mediziner, dass der Schritt in den Terror die Folge einer krankhaften Gehirnveränderung und der deshalb 1962 vorgenommenen Operation gewesen sein könnte.[22]

Doch weil sich so kaum der überraschend hohe Anteil von Terroristinnen erklären ließ, kamen Mitte der 1970er-Jahre andere Erklärungen auf. Einen »Exzess der Befreiung der Frau« vermutete der zeitweilige Verfassungsschutzchef Günther Nollau. Der Soziologe Erwin K. Scheuch konstatierte, Frauen produzierten sich als »weibliche Supermänner«; eine Waffe im Kosmetikkoffer markiere den endgültigen »Bruch mit der abgelehnten Weiblichkeit«.[23] Ähnlich holzschnittartig fielen feministische Erklärungen aus, etwa die der italienischen Journalistin Vanna Vannuccini: »Die Terroristin verstößt gegen zwei Unterwerfungsgebote: das der Gesellschaftsordnung und das der patriarchalischen Ordnung.«[24]

Der wirkliche Grund für das ausgeglichene Geschlechterverhältnis dürfte in der Herkunft des Linksterrorismus aus der Studentenbewegung liegen. Um 1970 betrug der Frauenanteil an Studierenden in der Bundesrepublik insgesamt zwar nur ein knappes Drittel, in kultur- und sozialwissenschaftlichen, pädagogischen und psychologischen Studiengängen dagegen schon etwas mehr als die Hälfte. Entsprechend hoch dürfte der Anteil der Frauen unter den politisierten Studenten gelegen haben, die ganz überwiegend aus diesen Disziplinen stammten.[25] Im Wesentlichen gerieten Männer und Frauen also auf dem gleichen Weg in den Terrorismus: als extrem radikalisierte Bewunderer der Protestbewegung von 1968.

Waffen für die Stammheimer

Zu den ersten Aufgaben, die Mohnhaupt verteilte, gehörte der Schmuggel weiterer Waffen ins Stammheimer Gefängnis. Eine Pistole war bereits im Herbst 1976 dorthin gebracht worden, nachdem zunächst ein Test mit einer Minox-Kamera erfolgreich gewesen war.[26] Damit machten Baader und die anderen aktuelle Aufnahmen, die in die Freiheit geschmuggelt wurden; sie gaben einen Einblick in die für ein Gefängnis ziemlich entspannte Wirklichkeit des siebten Stocks. Die Polizei stellte bei einer RAF-Helferin einen belichteten Minox-Film aus Stammheim sicher. Diese Bilder hätten mit entsprechendem Nachdruck veröffentlicht werden können, um die Propagandalüge von der »Isolationshaft« sichtbar zu widerlegen. Doch seltsamerweise geschah fast nichts – obwohl Bundeskanzler Helmut Schmidt genau das schon im Jahr zuvor als wesentliches Versäumnis des Staates erkannt hatte: »Es ist ein Fehler gewesen, dass die Haftbedingungen der Baader-Meinhof-Häftlinge von den für diese Haftanstalten zuständigen Behörden nicht rechtzeitig und nicht so umfassend der Öffentlichkeit dargestellt wurden, wie sie doch wirklich waren.«[27] Statt die Aufmerksamkeit möglichst vieler Journalisten auf diesen eindeutigen Fund zu lenken, gab es lediglich eine knappe Pressemitteilung, die *Der Spiegel* kurz aufgriff – im vorletzten Absatz eines Artikels über die Festnahme von Siegfried Haag.[28]

Auch wurde die Kontrolle der Besucher nicht spürbar verschärft.

Der Schmuggel war die Aufgabe jüngerer Anwälte, die sich zunutze machten, dass ihre Akten aus Rücksicht auf das besondere Vertrauensverhältnis von Wahlverteidiger und Mandant nur oberflächlich kontrolliert werden durften. Während die Verteidigerpost an die RAF-Gefangenen inzwischen von einem eigens abgeordneten, mit dem Verfahren sonst nicht beschäftigten Richter durchgesehen wurde und auf diese Weise das illegale »Info«-System im Herbst 1976 zumindest stark eingeschränkt werden konnte, waren die Verteidigerakten beim Prozess weiterhin tabu.

Also entwickelten einige Mitarbeiter der Kanzlei Croissant ein neues Schmuggel-System: Die Angeklagten bekamen, angeblich zur Vorbereitung, gebundene Aktenkopien ins Gefängnis geschickt. Diese wurden von dem dafür abgestellten Richter kontrolliert und durchgelassen, da sie unverdächtig waren. Diese Bände brachten sie aus ihren Zellen mit in den Gerichtssaal. Am folgenden Prozesstag hatte einer der Anwälte äußerlich identische Bände dabei, in denen aber die Seiten innen zusammengeklebt und mit Ausschnitten versehen worden waren. Kontrollierten die Beamten am Eingang diese Aktenbände, indem sie die Blätter durch die Finger laufen ließen, fiel nichts auf; weiter nachsehen durften sie nicht. Der Austausch erfolgte vermutlich im Besprechungsraum für Anwälte und Mandanten. Beim Weg aus dem Gerichtssaal zurück in ihre Zellen wurden die Angeklagten nicht durchsucht, ebenso wenig die Anwälte nach der Verhandlung.[29]

Auf diese Weise schmuggelten die Verteidiger Arndt Müller und Armin Newerla drei Pistolen in den vermeintlichen Hochsicherheitstrakt – angeblich ohne davon zu wissen. Sie hätten gedacht, es handele sich um unverdächtige Dinge wie

Mini-Radios und elektronische Bauteile, Heizspiralen aus Toastern und Kabel. »Diese Transporte waren schon institutionalisiert. Die Anwälte fragten schon gar nicht mehr«, sagte ein Mitarbeiter der Kanzlei Croissant aus, der für die Vorbereitung der Akten-Container zuständig war. Zusätzlich brachten Müller und Newerla 660 Gramm Sprengstoff zu den Stammheimer Angeklagten, vermutlich versteckt in ihrer Unterwäsche, was ihnen kaum entgangen sein dürfte; in jedem Fall wurde diese Menge später im siebten Stock gefunden.[30] Newerla wurde am 16. Februar 1977 beim Schmuggel einer zwischen Aktenblättern eingeklebten Heizspirale ertappt, doch statt die Anwälte fortan genau zu kontrollieren, stellten die Behörden ihm lediglich einen Bußgeldbescheid der Stadt Stuttgart zu.[31] Erst am 1. September 1977 verhaftete die Polizei Newerla, seinen Kollegen Müller sogar noch einen Monat später.[32] Beide wurden zu mehrjährigen Haftstrafen verurteilt, ebenso Klaus Croissant.

Offenbar sprachen die Anwälte und ihre Mandanten nicht über diese Lieferungen. Denn nach Haags Festnahme Ende November 1976 wurden bis Ende Januar 1977 in Stammheim an insgesamt zwölf Tagen rechtswidrig Gespräche zwischen den Verteidigern und den Inhaftierten abgehört, ohne dass die Behörden dem Schmuggel auf die Spur kamen.[33] Als der Stuttgarter Justizminister Traugott Bender (CDU) am 17. März 1977 die Lauschaffäre bekannt gab, geriet nicht nur der Prozess gegen Baader, Ensslin und Raspe ins Wanken, sondern gleich die Bundesregierung. Denn Bundesjustizminister Werner Maihofer (FDP) musste eingestehen, schon einige Tage früher davon gewusst zu haben. Die Regierung in Stuttgart berief sich auf rechtfertigenden Notstand und räumte zudem ein, dass nach dem Überfall auf die Stockholmer Botschaft 1975 einzelne Gespräche zwischen Angeklagten und Verteidigern abgehört worden seien. Die Staatsanwaltschaft Stuttgart leitete Ermittlungen gegen Bender und den baden-württembergischen Innenminister Karl Schiess (CDU) ein, die ergebnislos verliefen. Sie hätten »nicht rechtswidrig« gehandelt, weil sie »in einer gegenwärtigen, nicht anders abwendbaren Gefahr für Leben, Leib, Freiheit, Ehre, Eigentum oder ein anderes Rechtsgut eine Tat« begingen, um »die Gefahr von sich oder einem anderen abzuwenden«.[34]

Dreifachmord in Karlsruhe

Bevor die Stammheimer Abhöraffäre politische Konsequenzen haben konnte, schlug die RAF erneut zu. Am Gründonnerstag 1977, dem 7. April, genau um 9:17 Uhr rollte langsam ein Motorrad von hinten rechts an einen Mercedes heran, der an einer Ampel am Rande der Karlsruher Innenstadt hielt.[35] Die Person auf dem Soziussitz der Suzuki spähte durch das Fenster der dunklen Limousine, dann zog sie ein Sturmgewehr hervor und feuerte, als der Wagen gerade anfuhr, mindestens 15 Schuss auf die drei Insassen. Laut Zeugen rollte das getroffene Auto wie in Zeitlupe über die Kreuzung und prallte gegen einen Stahlpoller. Der Schütze sah sich sein »Werk« noch kurz an, dann gab der Fahrer Gas und die Suzuki raste davon.

Der Mann am Steuer war sofort tot; noch am Tatort starb der Beifahrer, während der Insasse im Fond sechs Tage später seinen schweren Verletzungen erlag. Die Opfer waren der oberste Ankläger der Bundesrepublik, der 57-jährige Generalbundesanwalt Siegfried Buback, sein 30-jähriger Fahrer Wolfgang Göbel und Göbels Vorgesetzter, der 33-jährige Georg Wurster, der hinten gesessen hatte.

Die Politik reagierte geschockt: »Mit der Person Bubacks sollte das Recht selbst getroffen werden«, sagte Bundespräsident Walter Scheel: »Sein Andenken wird am besten geehrt, wenn wir gerade im Hinblick auf seinen Tod uns fest an die dauernden Grundsätze des Rechts halten.« Ganz ähnlich drückte sich Kanzler Schmidt aus: »Das Andenken an Buback wird stetig Verpflichtung sein im Kampf gegen das Verbrechen mit allen Mitteln des Rechtsstaates.« Der SPD-Vorsitzende Willy Brandt stellte klar, dass es sich nicht nur um einen Kampf zwischen RAF und Regierung handele: »Die brutale Steigerung von Gewalt zum nackten Terror geht jeden Bürger an.« CSU-Chef Franz Josef Strauß forderte eine »gesetzlich einwandfreie Ermächtigung«, um weiteren Attentaten der RAF vorzubeugen: »Die Zellen bundesdeutscher Gefängnisse dürfen nicht mehr konspirative Hauptquartiere sein.«[36]

Sechs Tage nach dem Anschlag bekannte sich die RAF zu dem dreifachen Mord: »Am 7.4.77 hat das Kommando Ulrike Meinhof Generalbundesanwalt Siegfried Buback hingerichtet.« Als »Begründung« führte das Schreiben an: »Wir werden verhindern, dass die Bundesanwaltschaft den vierten kollektiven Hungerstreik der Gefangenen um die minimalen Menschenrechte benutzt, um Andreas, Gudrun und Jan zu ermorden, wie es die psychologische Kriegsführung seit Ulrikes Tod offen propagiert.« Buback sei »direkt verantwortlich für die Ermordung von Holger Meins, Siegfried Hausner und Ulrike Meinhof«.[37] Doch keiner der drei war ermordet worden; nicht vom Staat, nicht von Buback und erst recht nicht von seinen beiden Begleitern.

Zufällig am selben Mittwoch fand in Karlsruhe die Trauerfeier für die Ermordeten statt. Die Hauptansprache hielt Helmut Schmidt: »Die Schüsse hier in Karlsruhe zielten aber nicht nur gegen den Generalbundesanwalt, der die zusammengeschmolzene Truppe der Terroristen nicht zur Ruhe kommen ließ, sondern sie sollten dem Rechtsstaat überhaupt gelten.« Der Kanzler beklagte: »An mancherlei Orten unserer Gesellschaft, in manchen ihrer vielfältigen Institutionen und Medien gab es und gibt es geistige Wegbereitung, nämlich Nährboden für Ideologien der Gewaltverherrlichung.«[38]

Wie um Schmidt zu bestätigen, erschien kurz danach ein zynischer »Nachruf« auf den ermordeten Generalbundesanwalt. Ein Göttinger Student, der sich »Mescalero« nannte, schrieb in einer Studentenzeitung: »Meine unmittelbare Reaktion, meine ›Betroffenheit‹ nach dem Abschuss von Buback ist schnell geschildert: Ich konnte und wollte (und will) eine klammheimliche Freude nicht verhehlen. Ich habe diesen Typ oft hetzen hören, ich weiß, dass er bei der Verfolgung, Kriminalisierung, Folterung von Linken eine herausragende Rolle spielte. Wer sich in den letzten Tagen nur einmal genau sein Konterfei angesehen hat, der kann erkennen, welche Züge dieser Rechtsstaat trägt, den er in so hervorragender Weise verkörperte.«[39] Dutzende linke Intellektuelle und Hochschullehrer solidarisierten sich öffentlich mit dem anonymen Autor. Erst 24 Jahre später gab sich der Autor, der Lehramtsstudent und spätere Deutschlehrer Klaus Hülbrock, öffentlich zu erkennen und bedauerte seinen damaligen »Nachruf« – lange nach Verjährung jedes strafrechtlichen Vorwurfes.[40]

Urteil in Stammheim

Der Anschlag auf Siegfried Buback hatte die Justiz kurz vor dem Urteil im Prozess gegen Baader, Ensslin und Raspe verunsichern und ein Zeichen setzen sollen, dass der »Krieg« weitergehen werde. Doch auf den Fortgang des Verfahrens hatte der symbolische Mord am obersten Ankläger keine Auswirkungen. Am 192. Prozesstag, dem 28. April 1977, wollte der vorsitzende Richter Eberhard Foth, der an Prinzings Stelle getreten war, das Urteil verkünden.

Unmittelbar zuvor äußerten sich nochmals die Wahlverteidiger auf einer internationalen Pressekonferenz in einem Stuttgarter Hotel. Otto Schily bezeichnete die den Angeklagten vorgeworfenen Sprengstoffanschläge auf amerikanische Einrichtungen in Heidelberg und Frankfurt 1972 als »Widerstandsaktionen gegen den Völkermord in Vietnam«. Es habe sich um »Nothilfe« gehandelt, nicht um Mord. Die RAF-Anführer seien »nicht kriminell«. Der Prozess in Stammheim sei vielmehr »der Vollzug einer Feinderklärung«.[41] Angesichts der zahlreichen offenen Kriegserklärungen der RAF an Staat und Gesellschaft seit 1970 war das kreativ.

178 Zuschauer und 49 akkreditierte Journalisten füllten die »Mehrzweckhalle« bei der Urteilsverkündung bis auf den letzten Platz. Leer blieben nur die Plätze der drei Angeklagten und die Stühle ihrer Wahlverteidiger. Eberhard Foth gab das Strafmaß bekannt: Wegen gemeinschaftlich begangenen vierfachen Mordes und versuchten Mordes in 34 Fällen jeweils »lebenslänglich« für die drei verbliebenen Angeklagten; zahlreiche weitere Straftaten fielen demgegenüber nicht mehr ins Gewicht.

Das Gericht stützte seine Entscheidung ebenso sehr auf die Aussagen zweier Kronzeugen wie auf die Spuren, die in zahlreichen konspirativen Wohnungen sichergestellt worden waren. Das kam für Prozessbeobachter überraschend, weil diese Indizien zwar die Anwesenheit der Angeklagten bei der Vorbereitung von Anschlägen belegten, ihre genaue Rolle aber letztlich nicht aufklären konnten. Diese Lücke sah das Gericht geschlossen durch das allgemeine Bekenntnis zu den Anschlägen der RAF, das Gudrun Ensslin am 4. Mai 1976 vor Gericht abgegeben hatte. Foth und seine Kollegen werteten es als Geständnis – angesichts des Wortlautes konnten sie kaum anders, hatte Ensslin doch unter anderem gesagt: »Wir sind auch verantwortlich für die Angriffe auf das CIA-Hauptquartier und das Hauptquartier des 5. US-Korps in Frankfurt am Main und auf das US-Hauptquartier in Heidelberg, insofern wir in der RAF seit '70 organisiert waren, in ihr gekämpft haben und am Prozess der Konzeption ihrer Politik und Struktur beteiligt waren.«[42]

Erst ganz am Ende der dreistündigen mündlichen Urteilsbegründung ging Eberhard Foth auf das Selbstverständnis der RAF ein: »Manche werden fragen, wo bleibt die Politik?« Dann erhob er seine Stimme: »Dort, wo sie hingehört – nämlich draußen vor der Tür des Gerichtssaals.«[43] Wer einen politischen Prozess oder eine politische Verteidigung fordere, sage sich los vom »rechtsstaatlichen Strafverfahren«, in dem es einzig um die konkreten Straftaten gehe, nicht um angeblich politische Rechtfertigungen. Es sei »jedem Vernünftigen klar«, dass man den Vietnamkrieg, selbst wenn man ihn als »Völkermord« betrachtete, nicht als Rechtfertigung für einen »auf eigene Faust« geführten »Krieg« in Deutschland heranziehen könne. »Die Angeklagten wussten das, und sie wollten dagegen verstoßen.« Wer mit dem »angeblichen Zweck, den US-Imperialismus zu treffen« Bombenanschläge in der Bundesrepublik verübe, treffe damit Menschen, die »nicht das Geringste« mit dem Vietnamkrieg zu tun hatten: »Drucker, Korrektoren, Hausfrauen, eine Reisegruppe, ein Roller fahrendes Kind«.[44]

Schießerei in Singen

Die Zeugin lag total falsch – und trotzdem völlig richtig. Am Morgen des 3. Mai 1977, fünf Tage nach dem Urteil in Stammheim, war einer Rentnerin im Café Hanser in Singen ein junges Paar aufgefallen. Sie ging sofort zum nächsten Polizeirevier, wo ihr Fahndungsfotos vorgelegt wurden, und sie identifizierte den Mann als Knut Folkerts und die Frau als Juliane Plambeck: zwei gesuchte Terroristen. Der Revierleiter nahm es gelassen, denn seit 200 000 Mark Belohnung ausgesetzt worden waren, gab es häufig solche Sichtungen. Er schickte die beiden jüngsten Wachtmeister der Frühschicht los.

Einer in Uniform, der andere in Zivil, betraten sie gegen neun Uhr das Café und erkannten sofort, dass es sich nicht um Folkerts und Plambeck handeln konnte – die Gesichter stimmten nicht mit den Fahndungsbildern überein. Trotzdem bat der eine Beamte um die Personalpapiere. Der junge Mann sagte, sein Ausweis liege wohl im Auto. Die Polizisten ließen nicht locker; sie wollten die Kontrolle ordentlich abschließen. Auf dem Weg zum Wagen wurde das Pärchen auffallend nervös. Plötzlich drehte sich die Frau um und schoss mit einem Revolver, den sie verdeckt gezogen hatte, auf den Beamten in Zivil, der in den Unterarm getroffen wurde, hinfiel und sich tot stellte. Fast im selben Moment schoss der Mann mit einer Pistole auf den Uniformierten. Er traf insgesamt sechsmal, drei weitere Kugeln gingen fehl. Der junge Polizist wurde lebensgefährlich verletzt.

Die beiden Täter flüchteten, zuerst zu Fuß, dann in einem mit Waffengewalt geraubten Opel. An der nächsten Kreuzung schnitt sie ein Streifenwagen, doch das Pärchen schoss sich den Weg frei. Wenig später blieb der Fluchtwagen liegen, auf einem Feldweg außerhalb Singens. Polizisten näherten sich. Mit einem Sturmgewehr zielte die Frau auf sie, doch die Waffe hatte eine Ladehemmung. Die Frau ließ sie fallen. Das Pärchen rannte querfeldein; beide schossen auf die Verfolger, die das Feuer erwiderten. Plötzlich brach der junge Mann getroffen zusammen. Die Frau versuchte, ihm aufzuhelfen, dann rannte sie weiter. Ein Polizist nahm das fallengelassene Gewehr, lud durch, feuerte aus 80 Meter Entfernung einen gezielten Schuss auf ihre Beine und traf.

Schnell stand fest: Die beiden waren gesuchte RAF-Mitglieder, jedoch nicht Folkerts und Plambeck, sondern der 22-jährige Günter Sonnenberg, gesucht als Mittäter beim Buback-Mord, sowie die 24-jährige Verena Becker. Als wenig später der erste Bericht der Kriminaltechnik vorlag, gab es noch eine Überraschung: Das Sturmgewehr, mit dem ein Beamter Becker von niedergeschossen hatte, war die Tatwaffe des Karlsruher Attentats. Außerdem führten die beiden Festgenommenen mehr als ein Dutzend falscher Ausweise und Führerscheine mit sich, umfangreiches Einbruchswerkzeug, Landkarten der Nordschweiz, ferner mehr als 7000 Mark und 2200 Schweizer Franken sowie 200 DDR-Mark.

Die Festnahme in Singen bremste die RAF nur kurz – Brigitte Mohnhaupt sorgte dafür, dass ihr Programm wie geplant weiterging. Der Mord an Buback hatte in den Notizen von Siegfried Haag »Margarine« geheißen; die Initialen des Generalbundesanwaltes entsprachen dem Markennamen einer bekannten Margarine: SB. Der Überfall in Wien am 13. Dezember 1976 war die geplante »Aktion« der »Filiale 1«. Nun stand das Projekt »Big Raushole« an: die Freipressung der Stammheimer Gefangenen.

Dafür wollte die RAF gut bewaffnet sein.[45] Am 1. Juli 1977 überfielen drei Mitglieder, darunter Knut Folkerts und Willy-Peter Stoll, im Frankfurter Westend das Waffengeschäft von Rolf Fischlein. Sie hatten sich unter falschen Namen angemeldet, angeblich um Ersatzteile für ihre Pistolen zu bestellen. Als Fischlein ihnen kurz den Rücken zuwandte, schlug einer der beiden ihm fünfmal mit einem Hartgummihammer auf den Kopf; mit schweren Gehirnverletzungen brach Fischlein zusammen. Ein weiterer Kunde erhielt ebenfalls mehrere Schläge auf den Schädel und wurde ohnmächtig. Folkerts und Stoll rafften so viele Waffen zusammen, wie sie tragen konnten – insgesamt 19 Pistolen und Revolver samt der passenden Munition.

Mord an Jürgen Ponto

Brigitte Mohnhaupt wusste seit der Botschaftsbesetzung in Stockholm 1975, dass die zweite Generation der RAF mit Kanzler Helmut Schmidt einen standhaften Gegner zu überwinden hatte. Das würde, wenn überhaupt, nur mit der Entführung eines wirklich einflussreichen Mannes gelingen. Also eines führenden Repräsentanten der Wirtschaft – entsprechend der linken Vorstellung, dass im Grunde die Chefs der deutschen Konzerne die Geschicke der Bundesrepublik lenkten.

Die meisten RAF-Mitglieder bewegten sich seit Jahren ausschließlich in linksradikalen Kreisen. Zwei Namen führender Wirtschaftsvertreter kannten sie trotzdem: Der Daimler-Benz-Vorstand Hanns Martin Schleyer amtierte als Präsident des Arbeitgeberverbandes und zugleich als Chef des Bundesverbandes der deutschen Industrie, während der Vorstandssprecher der Dresdner Bank, Jürgen Ponto, als prominentester Banker Deutschlands galt. Um sich genauer über die beiden zu informieren, gingen Knut Folkerts und Willy-Peter Stoll am 7. Juli 1977 ins Hamburger Welt-Wirtschafts-Archiv; dort ließen sie sich Materialmappen zu Schleyer und Ponto vorlegen. Es ging ihnen um Adressen und Gewohnheiten. Natürlich hatten sich die beiden jungen Männer unter falschen Namen angemeldet, denn nach ihnen wurde steckbrieflich gefahndet. Problemlos konnten sie sich Fotokopien anfertigen lassen.

Das erste Ziel wurde Jürgen Ponto, denn zum Umkreis der zweiten RAF-Generation gehörte Susanne Albrecht, die Schwester seiner Patentochter Julia.[46] Wohl Ende Mai 1977 erfuhr ein RAF-Unterstützer eher zufällig von der persönlichen Verbindung zwischen der Aktivistin und der Familie Ponto.[47] Um den 20. Juni begannen konkrete Vorbereitungen für eine Entführung: Kurzfristig wurden zwei Wohnungen in großen und anonymen Neubauten angemietet, per Bareinzahlung bei einer örtlichen Sparkasse. Susanne Albrecht besuchte ebenfalls im Juni die Pontos und horchte dabei die sechs Jahre jüngere Corinna Ponto aus. Jedoch erfuhr sie nicht, dass die Familie im Sommer zu einer vierwöchigen Reise nach Südamerika aufbrechen wollte. Ende Juli entwendeten RAF-Mitglieder zwei Fluchtfahrzeuge. Am 29. Juli 1977 telefonierte Susanne Albrecht mit Jürgen Ponto; dabei erfuhr sie von der bevorstehenden Abreise. Daraufhin bat sie um ein sofortiges Treffen. Ignes Ponto sagte ab und lud sie stattdessen auf ein Treffen am nächsten Nachmittag ein, zum Tee gegen 16:30 Uhr.

Am Samstag, dem 30. Juli 1977, klingelte Susanne Albrecht am Tor zum Haus der Pontos im Frankfurter Vorort Oberursel; es war schon nach 17 Uhr. Sie wurde begleitet von einem jungen Pärchen. Der Fahrer der Familie sah die drei und fragte, ob er sie einlassen solle. Jürgen Ponto erkundigte sich: »Wer ist das denn? Wie sehen sie denn aus?« und entschied, als sein Mitarbeiter erwiderte: »Sehr manierlich«, dass alle drei empfangen werden sollten. Bei dem Pärchen handelte es sich um Brigitte Mohnhaupt und Christian Klar. Man ging auf die Terrasse des Hauses. Susanne Albrecht hatte einen fast verwelkten Rosenstrauß bei sich. Jürgen Ponto ging los, um eine Vase zu holen, gefolgt von dem jungen Mann, der im Haus plötzlich eine Waffe zog. Der Banker herrschte ihn an: »Sie sind wohl wahnsinnig geworden!«

und packte Klars Arm, um ihm die Waffe zu entwinden. Ein Schuss löste sich. Daraufhin stürzte Mohnhaupt von der Terrasse ins Speisezimmer und feuerte mit ihrer Pistole, die aus dem Überfall auf das Waffengeschäft Fischlein stammte, mindestens fünfmal, teilweise aus nächster Nähe. Ponto erlitt drei Kopfschüsse und einen Treffer in die Brust. Ignes Ponto musste den Mord an ihrem Mann mit ansehen, denn sie saß im benachbarten Wohnzimmer und telefonierte mit ihrer Schwester. Rückblickend beschrieb sie die Situation mit den Worten: »Den sie kamen zu entführen, haben sie hingerichtet.«[48] Die Täter ergriffen die Flucht.

Der Überfall hätte vermieden werden können, denn sowohl der Polizei als auch den Eltern von Susanne Albrecht war bekannt, dass sie ins Milieu der RAF abgerutscht war. Zum ersten Mal war ihr Name schon im Mai 1973 aktenkundig geworden, als sie bei einer Hausbesetzung in Hamburg vorübergehend festgenommen wurde. Angeblich »entsetzt über das brutale Vorgehen der Polizei gegen friedliche Hausbesetzer« schloss Albrecht sich dem örtlichen »Komitee gegen die Folter an politischen Gefangenen in der BRD« an. Bald lernte sie die RAF-Anwälte Kurt Groenewold und Klaus Croissant kennen. Im November 1973 verwendete ein gesuchtes RAF-Mitglied Susanne Albrechts Pass; im Februar 1974 berichteten verschiedene Zeitungen darüber.[49] Ende Oktober 1974 gehörte sie zu den Besetzern des Amnesty-Büros in Hamburg, um gegen die »Isolationshaft« der RAF-Gefangenen zu protestieren. Fünf Wochen nach dem Anschlag auf die Botschaft in Stockholm bekannte sich Albrecht öffentlich zur RAF, ein Jahr später arbeitete sie als Assistentin Croissants im Verfahren gegen die Stockholm-Attentäter. Im Juli 1976 schrieb das *Hamburger Abendblatt* über »Handgranatentransporteure wie Susanne Albrecht«; sie wehrte sich gerichtlich dagegen und bestand darauf, nicht Handgranaten, sondern sogenannte Nebelmittelanzünder transportiert zu haben, also Zündkapseln aus Bundeswehrbeständen. Der Axel-Springer-Verlag, zu dem das *Abendblatt* gehörte, gab die verlangte Unterlassungserklärung ab.[50] Trotz all dieser Vorkommnisse informierten die Albrechts das eng befreundete Ehepaar Ponto nicht über die Verbindung ihrer Tochter zur RAF. Im Gegenteil sahen sie in Susannes Wunsch, den Kontakt zu Pontos aufzufrischen, sogar ein hoffnungsvolles Zeichen. Ein tödlicher Irrtum. Die Polizei wiederum wusste nichts von der privaten Beziehung zwischen den Pontos und den Albrechts.

Eben weil erst der schwere Vertrauensbruch von Susanne Albrecht den Mord ermöglicht hatte, erschütterte der Anschlag die Bundesrepublik besonders. Das Entsetzen steigerte sich noch, als zwei Wochen später bei mehreren Redaktionen das Bekennerschreiben eintraf: »Wir haben in einer Situation, in der Bundesanwaltschaft und Staatsschutz zum Massaker an den Gefangenen ausgeholt haben, nichts für lange Erklärungen übrig. Zu Ponto und den Schüssen, die ihn jetzt in Oberursel trafen, sagen wir, dass uns nicht klar genug war, dass diese Typen, die in der Dritten Welt Kriege auslösen und Völker ausrotten, vor der Gewalt, wenn sie ihnen im eigenen Haus gegenübertritt, fassungslos stehen.«[51] Formuliert hatte den Text wohl Brigitte Mohnhaupt; unterzeichnet war das Schreiben eigenhändig von Susanne Albrecht.

Eine »Art Stalinorgel«

Die Entführung von Ponto war gescheitert. Obwohl die Tat Schockwellen ausgelöst hatte, war die RAF ihrem Ziel, die Inhaftierten freizupressen, keinen Schritt näher gekommen. Während Vorbereitungen für die nächste Entführung liefen, diesmal in Köln, sollte ein Zeichen im angeblichen »Volkskrieg« gesetzt werden.[52] Am Donnerstag, dem 25. August 1977, besuchte ein Pärchen vormittags den Karlsruher Künstler Theodor Sand und seine Frau, angeblich um ein Bild zu erwerben. In Wirklichkeit waren die beiden an der Wohnung nur interessiert, weil sie 18 Meter vom Dienstgebäude der Bundesanwaltschaft entfernt lag. Gegen zwölf Uhr überwältigten die angeblichen Kunstliebhaber das Ehepaar und fesselten die beiden; dann schleppten zwei Helfer einen selbst gebastelten Raketenwerfer in Einzelteilen in die Wohnung. Dazu gehörte auf jeden Fall Peter-Jürgen Boock, der die rund 150 Kilogramm schwere Waffe aufbaute. Aus ihren 42 Rohren sollten Sprenggeschosse den gegenüberliegenden Neubau treffen, dort explodieren und Splitter verschießen. Insgesamt sollte gut ein Kilogramm Sprengstoff die Bundesanwaltschaft treffen. Die Konstruktion, zusammengebaut vorwiegend aus handelsüblichen Teilen, war einfach und effektiv. Nach der Zündung durch einen Wecker sollten innerhalb von drei Sekunden alle Geschosse verfeuert werden – eine »Art Stalinorgel«, wie das Oberlandesgericht Stuttgart später formulierte.

Gegen 15:30 Uhr war Boock fertig; in den Flur stellte das RAF-Kommando noch ein Plakat mit den Worten: »Achtung, nicht schießen. In der Wohnung ist nur das Ehepaar Sand.« Eine halbe Stunde später hätte ein Wecker die Raketen auslösen sollen. Doch dazu kam es nicht: Boock hatte zwar das Uhrwerk des Weckers aufgezogen, nicht aber das separate Läutwerk.[53] In seinem ersten Prozess behauptete er, den Anschlag bewusst sabotiert zu haben – eine Schutzbehauptung. Die Sands konnten sich gegen 19 Uhr befreien und die Polizei benachrichtigen. An der Stalinorgel hatten unter anderem Susanne Albrecht und Christian Klar Fingerabdrücke hinterlassen.

Vielleicht wegen der Enttäuschung über das erneute Scheitern dauerte es diesmal neun Tage, bis am 5. September 1977 ein Bekennerschreiben der RAF ankam. Darin bezeichneten die Terroristen den Raketenwerfer als »Warnung«; es sei nicht »um irgendein Blutbad« gegangen, sondern darum, die Bundesanwälte zu hindern, »im Komfort ihrer Büros weiter darüber zu grübeln, wie sie den nächsten Mord an einem politischen Gefangenen arrangieren«. Angesichts des Aufwandes war das unglaubwürdig. Außerdem zeterte Andreas Baader in Stammheim noch aggressiver als üblich, nachdem er vom Scheitern des Anschlages erfahren hatte – offenbar rechnete er mit einer spektakulären Aktion gegen die Bundesanwälte.[54]

Passendes Feindbild

Nach dem Mord an Jürgen Ponto erhielt die Polizei zahlreiche Hinweise auf das mutmaßlich nächste Ziel der RAF. Bereits seit Ende 1976 kannten die Behörden eine Aufzeichnung von Siegfried Haag, in der sich die Notiz »H. M. auschecken« fand. Das BKA prüfte sämtliche Personen, deren Initialen »H. M.« oder ähnlich lauteten. Diese Namen wurden mit einer zweiten Liste verglichen, auf der prominente Wirtschaftsvertreter standen. »Dann kam man auf eine bestimmte Person, deren Namen ich hier jetzt nicht nennen möchte«, erklärte BKA-Chef Herold im Innenausschuss des Bundestages vorsichtig. Doch die Abgeordneten wussten längst, um wen es ging.

Das Bundesinnenministerium erklärte Hanns Martin Schleyer zur Person der »Sicherheitsstufe 1«. Fortan begleiteten zwei bis drei Leibwächter in einem eigenen Fahrzeug den Spitzenmanager. Doch weder erhielt er ein gepanzertes

Fahrzeug noch fuhr der Konvoi zufällig wechselnde Strecken. Am 23. August 1977 besuchten laut Schmidts Kalender Schleyer und der Vorstandssprecher der Deutschen Bank, Friedrich Wilhelm Christians, den Bundeskanzler, weil sie »die Sicherheit der führenden Männer der Wirtschaft generell gefährdet sahen«.[55] Eine Bibliothekarin des Hamburger Welt-Wirtschafts-Archivs hatte sich erinnert, dass Anfang Juli zwei junge Männer Material über Ponto und Schleyer eingesehen hatten. Das sickerte durch; die *BILD*-Zeitung berichtete, der Arbeitgeberpräsident solle »offenbar das nächste Opfer der BM-Terroristen werden«.[56] Schleyer selbst vertraute Freunden an: »Ich werde der Nächste sein.« Zugleich entwickelte er eine fatalistische Einstellung: »Wenn's einen treffen soll, dann trifft's einen.«[57]

Fast der gesamten deutschen Linken galt Hanns Martin Schleyer als ideales Feindbild. Er sei »einfach ein Magnet« gewesen, sagte später Stefan Wisniewski. Nach diesem Anschlag, so Wisniewski, hätte man sich »Erklärungen sparen« können, denn es würde jemanden treffen, der für den »bruchlosen Übergang« von Hitler-Deutschland in die Bundesrepublik gestanden habe.[58] Schleyer, 1915 geboren, war nach zwei Jahren in der Hitler-Jugend 1933 in die SS und 1937 in die NSDAP eingetreten; von 1941 bis 1945 hatte er wegen einer Kriegsverletzung in Prag gearbeitet. Nach der deutschen Kapitulation verbrachte er drei Jahre in französischer Internierung und wurde als »Mitläufer« entnazifiziert. Bald machte Schleyer Karriere bei Daimler-Benz, als Experte für Personal- und Tarifpolitik. Obwohl im Prinzip ein auch bei Gewerkschaftern geschätzter Verhandlungsführer, ließ er 1963 doch in einem Arbeitskampf streikende Arbeiter aussperren. Nachdem ihm zehn Jahre später der erhoffte Aufstieg zum Daimler-Benz-Chef misslang, konzentrierte er sich neben seinem Vorstandsmandat auf Ehrenämter.

Um öffentliche Kritik zu dämpfen, lud Schleyer den *Stern*-Reporter Kai Hermann für eine Home-Story zu sich ein. Doch die Strategie verfing nicht: Das Ergebnis war Ende 1974 ein diffamierender Artikel unter dem Titel »Der Boss der Bosse«. Zwar konnte Hermann Sympathie für Schleyer nicht verhehlen, doch beschrieb er das Leben des Managers bösartig als Beispiel einer Karriere, die im Nationalsozialismus ihren Anfang genommen hatte und in der Bundesrepublik bruchlos fortgeführt werden konnte: »Bei den Schleyers scheint alles so schön intakt – wie von vorgestern.« Er sei der »Wortführer der rechten außerparlamentarischen Opposition«.[59] Dieser *Stern*-Artikel prägte das Schleyer-Bild der RAF wesentlich, wie Stefan Wisniewski bezeugte.[60] Dass der Arbeitgeberpräsident ein Verfechter des demokratischen Rechtsstaates und der sozialen Marktwirtschaft war, den viele Arbeitnehmervertreter als seriösen Gesprächspartner kannten, passte nicht in das Weltbild der bundesdeutschen Linken.

Wegen der symbolischen Bedeutung Schleyers durfte seine Entführung aus Sicht der RAF keinesfalls scheitern wie die Botschaftsbesetzung in Stockholm und die geplante Geiselnahme Pontos. Außerdem hatten die Stammheimer Häftlinge in einem Kassiber an die Illegalen ultimativ eine Freipressungsaktion innerhalb von zwei Wochen gefordert; sonst würden sie ihr Schicksal in die eigene Hand nehmen. Deshalb bereiteten die nun rund 20 Illegalen der zweiten Generation den Anschlag genau vor. Schon seit dem Sommer 1977 wurden in und bei Köln Wohnungen angemietet – zum Wechsel der Fluchtwagen und als »Volksgefängnis«, in dem die Geisel festgehalten werden sollte. Waffen waren ausreichend vorhanden, ebenso Geld, Fahrzeuge und gefälschte Papiere.

Mörderische Entführung

Der Angriff dauerte nicht einmal eine Minute: Am 5. September 1977 um genau 17:29 Uhr bogen zwei Mercedes-Limousinen aus der Friedrich-Schmidt-Straße im Kölner Westen in die Vincenz-Statz-Straße.[61] Am Steuer des vorderen Wagens saß Heinz Marcisz und im Fond sein Chef Schleyer, im hinteren Wagen drei baden-württembergische Polizisten, die eine kurze Schulung als Personenschützer absolviert hatten. Vier RAF-Mitglieder, Stefan Wisniewski als Anführer sowie Peter-Jürgen Boock, Sieglinde Hofmann und Willy-Peter Stoll, erwarteten die beiden Wagen. Um Schleyers Fahrer zu verunsichern, schoben sie einen Kinderwagen auf die Straße, der gleichzeitig als Versteck für zwei Schnellfeuergewehre diente. Marcisz bremste hart. Im selben Moment setzte vor dem schweren Mercedes ein weiteres Auto zurück und blockierte die schmale Straße. Dann fuhr der folgende Wagen der Leibwächter auf Schleyers Limousine auf.

Sofort eröffneten die vier Angreifer das Feuer aus automatischen Waffen und einer Schrotflinte. Innerhalb einiger Sekunden verfeuerten sie mindestens 119 Schuss. Heinz Marcisz wurde dreimal getroffen; den Polizisten Roland Pieler durchsiebten 21 Kugeln und seinen Kollegen Helmut Ulmer 26; bei Hauptmeister Reinhold Brändle zählte der Gerichtsmediziner insgesamt sogar 60 Wunden. Alle vier starben noch am Tatort. Die Angreifer zerrten den unverletzten Schleyer heraus, schleppten ihn zu einem VW-Bus und rasten los: zuerst in die Tiefgarage eines Wohnhochhauses zweieinhalb Kilometer weiter westlich. Dort tauschten sie die Fluchtwagen; Schleyer musste sich zusammen mit Wisniewski in den Kofferraum eines gebraucht gekauften Mercedes legen, mit dem die Fahrt sofort weiterging.

Im VW-Bus ließen die Entführer eine Nachricht zurück:

»An die Bundesregierung. Sie werden dafür sorgen, dass alle öffentlichen Fahndungsmaßnahmen unterbleiben, oder wir erschießen Schleyer sofort, ohne dass es zu Verhandlungen über seine Freilassung kommt. Rote Armee Fraktion.«[62] Die Behörden hätten diese Nachricht nicht gebraucht; sie wussten ohnehin, wer für das Gemetzel auf der Vincenz-Statz-Straße verantwortlich war.

Hartes Ringen

Helmut Schmidt rief umgehend seine engsten Vertrauten ins Kanzleramt und legte mit ihnen die grundsätzliche Strategie fest, die derselben Richtung folgte wie während der Besetzung der deutschen Botschaft in Stockholm: Keinesfalls werde der zu erwartenden Erpressung nachgegeben. Stattdessen wollte man Zeit gewinnen, um das Versteck Schleyers zu finden, das sich nur wenige Kilometer vom Tatort entfernt befinden konnte. Über die Möglichkeit eines Austausches von Schleyer gegen die RAF-Inhaftierten wurde nach Erinnerung der Beteiligten nie nachgedacht. Unmittelbar nach der Sitzung eilte Schmidt ins Bonner Studio der ARD und ließ eine knapp fünf Minuten dauernde Ansprache aufzeichnen. Er hatte den Text selbst formuliert, ohne viel zu grübeln – dafür blieb keine Zeit.[63]

Am Ernst der Lage ließ er keinen Zweifel: »Die blutige Provokation in Köln richtet sich gegen uns alle.« Schmidt demonstrierte Entschlossenheit und ging die Entführer direkt an: »Während ich hier spreche, hören irgendwo sicher auch die schuldigen Täter zu. Sie mögen in diesem Augenblick ein triumphierendes Machtgefühl empfinden. Aber sie sollen sich nicht täuschen: Der Terrorismus hat auf die Dauer keine Chance, denn gegen den Terrorismus steht nicht nur der Wille der staatlichen Organe, gegen den Terrorismus steht der Wille des ganzen Volkes.« Schmidt rief alle Bürger auf, selbst den »kleinsten sachdienlichen Hinweis« zu melden.[64] Mit keinem Wort deutete er dagegen an, die Bundesregierung könnte nachgeben.

Am folgenden Tag traf im Kanzleramt das zweiseitige Bekennerschreiben mit den Forderungen der Entführer ein; es bestätigte Schmidts Befürchtungen: Gleich elf RAF-Mitglieder, darunter sechs verurteilte Mörder, sollten freigepresst und in ein Land ihrer Wahl ausgeflogen werden. Sonst würde Schleyer »sofort erschossen«. Den Forderungen lag eine handschriftliche Notiz der Geisel bei, in der es hieß: »Mir wird erklärt, dass die Fortführung der Fahndung mein Leben gefährde. Das Gleiche gelte, wenn die Forderungen nicht erfüllt und die Ultimaten nicht eingehalten würden.«[65]

Am Abend trat zum ersten Mal der »politische Kreis« zusammen, meist »großer Krisenstab« genannt: die wesentlichen Minister des Kabinetts, die Partei- und Fraktionsvorsitzenden, die Ministerpräsidenten der Länder, in denen RAF-Gefangene einsaßen, sowie die engsten Vertrauten des Kanzlers. Schmidt definierte vier Ziele: Schleyer sollte erstens lebend befreit und die RAF-Gefangenen sollten zweitens nicht freigelassen, sondern drittens die Entführer festgenommen werden. Zugleich verfolgte der Kanzler ein viertes Ziel: »Die Sicherung des Vertrauens in die Autorität des Rechtsstaates und in die Handlungsfähigkeit seiner Organe nach innen und außen.«[66] Die Oppositionsführer, der CDU-Vorsitzende Helmut Kohl und CSU-Chef Franz-Josef Strauß, stimmten Schmidts Vorgehen ausdrücklich zu. Das Bekennerschreiben vom 6. September 1977 war das erste von acht Ultimaten bis Mitte Oktober, die alle verstrichen. Die Entführer schickten mehrere Videobänder, Fotos und persönliche Bittbriefe Schleyers. Doch Schmidt und seine Vertrauten setzten im Sinne ihrer vier Ziele auf Zeitgewinn.

Gleichzeitig isolierten die Behörden jetzt erstmals die RAF-Gefangenen – das, was Baader, Ensslin und die anderen seit fast fünf Jahren wortreich beklagt hatten, trat nun tatsächlich ein: Jeder Kontakt der Häftlinge untereinander und nach außen wurde unterbunden, zunächst durch Anordnung, dann sanktioniert durch ein entsprechendes Gesetz, das geradezu durch den Bundestag gepeitscht wurde. Schon am Tag nach dem Überfall auf Schleyer war der tägliche »Umschluss« gestrichen; die Inhaftierten mussten von nun an allein in die Duschräume oder zum Hofgang auf die vergitterte Terrasse gehen. Vor allem durften sie ihre Anwälte nicht mehr treffen oder mit ihnen sprechen. Radios und Fernseher wurden den Gefangenen weggenommen, Zeitungen und Magazine bekamen sie nicht mehr in die Zellen.[67] Doch umging die RAF-Führung diese Maßnahmen: Erst riefen sie sich über den Gang des Hochsicherheitstraktes hinweg Fragen und Antworten zu, und als Dämmplatten vor den Türen das unmöglich machten, nahm Jan-Carl Raspe eine vorsichtshalber gebastelte Gegensprechanlage zwischen den Zellen in Betrieb.[68] Sie beruhte auf dem mit Kabeln verbreiteten Anstaltsfunk, den die Häftlinge trotz eines Verbotes ebenfalls hören konnten. So informierten sie sich über den Fortgang des Ringens zwischen Entführern und Bundesregierung.

Schleyers Sicht

Die politisch Verantwortlichen wussten, dass Hanns Martin Schleyer in einer fürchterlichen Lage war. Er hatte erlebt, dass seine Entführer rücksichtslos mordeten, und musste annehmen, dass sie ihn ohne Zögern töten würden. Seinem ältesten Sohn hatte der Arbeitgeberpräsident kurz nach dem Anschlag auf Ponto gesagt: »Sollten Terroristen versuchen, mich zum Mittel ihrer Erpressung zu machen, bin ich immer bereit, Regierungshandlungen im Sinne der Staatsräson zu akzeptieren.«[69] Das war ein klares Bekenntnis, auf das Schleyer sich in mehreren seiner handschriftlichen Botschaften aus der Geiselhaft bezog. Schon in der ersten Nachricht hatte er geschrieben, es sei nicht seine Entscheidung, ob die Forderungen der RAF erfüllt würden. Zwei Tage später schrieb er einem Freund: »Wenn Bonn ablehnt, dann sollen sie es bald tun, obwohl der Mensch – wie es auch im Kriege war – gerne überleben möchte.« Doch genau »schnell entscheiden« wollte Schmidt nicht. Über die Verzögerungstaktik klagte Schleyer in einer Notiz am 7. Oktober 1977: »Ich habe in der ersten Erklärung nach der Entführung zum Ausdruck gebracht, dass die Entscheidung über mein Leben in der Hand der Bundesregierung liegt, und habe diese Entscheidung damit akzeptiert. Aber ich sprach von Entscheidung und dachte nicht an ein jetzt über einen Monat dauerndes Dahinvegetieren in ständiger Ungewissheit.«[70] Das ermittlungstaktisch richtige Spielen auf Zeit steigerte die Qualen für das Opfer und seine Familie ins Unermessliche.

Schleyer glaubte, dass die RAF einfach das nächste prominente Opfer entführen würde, falls der Kanzler hart bleiben sollte. Seinem Sohn hatte er in einem von den Entführern geforderten Brief geschrieben: »Ruhe an der Front wird es so schnell nicht geben, aber man kann eine Eskalation vermeiden, wenn man das Hauptziel nicht erst nach dem zehnten Anschlag erfüllt.«[71] Vermutlich vermittelten ihm seine Bewacher diesen Eindruck, doch er war falsch. Zwar konnten sich das BKA und die Bundesregierung nicht sicher sein, doch viel sprach dafür, dass die Illegalen der RAF mit der

Geiselnahme Schleyers an die Grenze ihrer Möglichkeiten gelangt waren. Zudem würde die Fahndung irgendwann Ergebnisse bringen.

Tatsächlich erhielt die Polizei am 7. September 1977 einen konkreten Hinweis auf eine mutmaßliche konspirative Wohnung der RAF. Die Meldung bezog sich auf ein Hochhaus in Erftstadt-Liblar bei Köln.[72] »Wenn Herold die auf dem Tisch gehabt hätte, dann hätte der gesagt: ›So, wir können alles andere vernachlässigen, wir gehen da hin und holen uns den Schleyer ab‹«, sagte der BKA-Ermittler Wolfgang Steinke rückblickend. Denn »das passt von der Unterkunft her, das passt von der Verkehrsanbindung her, das passt von der Anmietung der Wohnung, von den Personalien, dem Bargeld-Bezahlen, von dem Strom-bar-Bezahlen her.«[73] Doch die nur sechs Polizeibeamten, die mit dem Auswerten dieser und ähnlicher Spuren beschäftigt waren, erkannten die Brisanz tagelang nicht, wie eine spätere Untersuchung ergab.[74]

Als der Hinweis einging, wurde Schleyer noch in dieser Wohnung in Erftstadt-Liblar festgehalten. Die RAF wusste, dass sie früher oder später auffallen würde. Also mieteten zwei der Entführer eine Wohnung in Den Haag; drei Tage später wurde die Geisel in einer nächtlichen Aktion über die deutsch-niederländische Grenze dorthin gebracht. Doch das neue Versteck musste rasch wieder aufgegeben werden, denn am 22. September 1977 erfuhren die Behörden, dass die RAF in die Niederlande ausgewichen war. In einer Autovermietung in Utrecht wollten die Polizisten Arie Kranenburg und Leendert Cornelius Pieterse an diesem Donnerstag ein verdächtiges Pärchen aus Deutschland kontrollieren, das verspätet einen Mietwagen zurückgab. Das RAF-Mitglied Knut Folkerts feuerte sofort, tötete Kranenburg und verletzte Pieterse lebensgefährlich. Immerhin konnte der Schütze festgenommen werden, seine Begleiterin entkam unerkannt.[75]

Noch in derselben Nacht brachten die Entführer ihre Geisel von Den Haag nach Brüssel, in eine dort als Reserve gemietete Wohnung.

Entführung der »Landshut«

Bald nach der Verschleppung Schleyers nach Belgien flogen Brigitte Mohnhaupt, Peter-Jürgen Boock und mehrere weitere RAF-Mitglieder in den Mittleren Osten, nach Bagdad. Hier verabredeten sie mit Wadi Haddad, dem Chef der palästinensischen Terrorgruppe PFLP, dass dessen Leute bald eine Lufthansa-Maschine entführen sollten, um die Bundesregierung zum Einlenken zu zwingen. Angeblich stimmte Brigitte Mohnhaupt nur widerwillig zu; möglicherweise handelt es sich dabei aber auch nur um eine nachträgliche Schutzbehauptung.

Die Entführung Schleyers dauerte schon 38 Tage, als am 13. Oktober 1977 vier Palästinenser die Boeing 737 »Landshut« der Lufthansa auf dem Weg von Mallorca nach Frankfurt entführten. 87 Passagiere und Besatzungsmitglieder befanden sich an Bord. Die Hijacker forderten die Freilassung von elf RAF-Häftlingen und zwei palästinensischen Gefangenen sowie 15 Millionen Dollar. Den Kapitän der Maschine, Jürgen Schumann, ermordeten sie.

Für die Bundesregierung war das die Katastrophe schlechthin: Terroristen hatten jetzt nicht nur einen Repräsentanten der Wirtschaft in ihrer Gewalt, sondern außerdem Dutzende ganz normale Bürger.[76] Kanzler Schmidt blieb dennoch bei seiner Haltung: kein Nachgeben, sondern die Verhandlungen verzögern und auf eine Befreiung der Geiseln setzen. Andreas Baader gab im Gespräch mit einem Mitarbeiter des Kanzleramtes ausgerechnet der Bundesregierung die Schuld an der Eskalation; »Terrorismus im Sinne der jetzigen brutalen Aktionen gegen unbeteiligte Zivilisten hätten die Häftlinge nie gebilligt und billigten sie auch nicht jetzt«, fasste der Beamte Baaders Aussage zusammen.[77] Angesichts der Toten und der Schwerverletzten etwa bei der »Mai-Offensive« 1972 war das äußerst zynisch.

Für einige Tage hielt die Bundesrepublik praktisch den Atem an; nie zuvor war die innenpolitische Lage derart angespannt gewesen. Vor den mit Panzerwagen verstellten Toren zum Kanzleramt in Bonn versammelten sich hunderte Menschen, teils Schaulustige, teils Demonstranten. Das Institut für Demoskopie in Allensbach ermittelte repräsentativ, dass je 42 Prozent der Deutschen für »Hartbleiben« und für »Nachgeben« seien; die übrigen zeigten sich unentschieden – über alle Parteipräferenzen hinweg. Frauen sprachen sich mehr als doppelt so oft wie Männer für einen Austausch aus.[78]

Die Familie Schleyer griff zur letzten Möglichkeit: einer Klage vor dem Bundesverfassungsgericht in Karlsruhe. Mit einer einstweiligen Anordnung sollte das höchste Gericht Kanzler Schmidt zwingen, die RAF-Gefangenen freizulassen, also das Leben der Geiseln über sein Ziel zu stellen, die »Sicherung des Vertrauens in die Autorität des Rechtsstaates«. In der Nacht von Sonnabend, dem 15., zu Sonntag, dem 16. Oktober 1977 fand die wahrscheinlich ungewöhnlichste mündliche Verhandlung statt, die es im Verfassungsgericht je gab. Morgens um 5.45 Uhr verkündeten die sechs Richter, die es rechtzeitig zum Beginn der Sitzung geschafft hatten, ihre Entscheidung: »Wie die staatlichen Organe ihre Verpflichtung zu einem effektiven Schutz des Lebens erfüllen, ist von ihnen grundsätzlich selbst zu entscheiden.« Das Verfassungsgericht könne keine Strategie für Erpressungsversuche festlegen, »weil dann die Reaktion des Staates für Terroristen von vornherein kalkulierbar würde«.[79] Den Antrag, die Bundesregierung per einstweiliger Anordnung zum Austausch der Geiseln gegen die inhaftierten Terroristen zu zwingen, lehnten die Richter ab.

Zum Schein ging die Bundesregierung am Nachmittag des 17. Oktober 1977 auf die Forderungen der »Landshut«-Entführer ein und behauptete, die RAF-Gefangenen würden in ein Land ihrer Wahl ausgeflogen. Tatsächlich ging es nur darum, Zeit für einen Einsatz der Spezialeinheit GSG-9 auf dem Flughafen von Mogadischu in Somalia zu gewinnen, wo die Lufthansa-Boeing inzwischen gelandet war. Schmidts Vertrauter Hans-Jürgen Wischnewski hatte dem Machthaber Siad Barre mit der Zusage über Millionen Dollar und deutsche Unterstützung bei der Beschaffung von Waffen die Erlaubnis abgerungen, dass die Anti-Terror-Experten die »Landshut« stürmen dürften.[80] In Deutschland hatte der 18. Oktober 1977 gerade begonnen, als in Mogadischu die Elite-Polizisten mit einem Präzisionsangriff alle Geiseln aus der Maschine befreiten; drei der vier palästinensischen Terroristen wurden getötet.

Selbstmorde in Stammheim

Um 0:24 Uhr deutscher Zeit berichtete die erste Nachrichtenagentur über den erfolgreichen Sturm und um 0:38 Uhr sendete der Deutschlandfunk eine Sondermeldung. Die 86 Passagiere und Besatzungsmitglieder waren gerettet, Schleyer aber befand sich weiter in der Gewalt der RAF. Anderthalb Stunden später verkündete Regierungssprecher Klaus Bölling: »Die Geiseln von Mogadischu sind frei.« Die Regierung habe keine Wahl gehabt: »Hätte die Bundesrepublik die elf terroristischen Täter freigelassen, so wären sie alle zurückgekommen«, genau wie jene Terroristen, die im Tausch gegen Peter Lorenz entlassen worden waren.[81] Tatsächlich hatten sich alle fünf 1975 freigepressten Linksextremisten erneut an Terroraktionen beteiligt oder sie unterstützt.

Irgendwann an diesem frühen Morgen verständigten sich Andreas Baader, Gudrun Ensslin und Jan-Carl Raspe sowie Irmgard Möller, die nach Meinhofs Selbstmord ebenfalls in den siebten Stock der JVA Stammheim verlegt worden war, über ihr geheimes Drahtfunksystem, kollektiv Selbstmord zu begehen. Die beiden Männer holten aus improvisierten Verstecken die Pistolen, die ihre Anwälte ins Gefängnis geschmuggelt hatten; Ensslin verwendete ein Elektrokabel und Irmgard Möller ein Tafelmesser. Baader schoss sich mit einer geradezu artistischen Verrenkung in den Hinterkopf – wohl um den Eindruck zu erwecken, er sei ermordet worden. Raspe setzte sich seine Heckler & Koch an die Schläfe. Ensslin erhängte sich am Gitter vor dem Fenster ihrer Zelle. Möller schob ihren Pullover hoch und stach sich viermal in die Herzgegend.

Am folgenden Morgen öffneten zwei Justizbeamte um 7.41 Uhr die Tür zur Zelle 716 im siebten Stock in Stammheim.[82] Sie wollten Jan-Carl Raspe das Frühstück bringen – und fanden ihn zusammengesunken auf seiner Matratze, mit einer großen Wunde an der Schläfe. Er war schwer verletzt. Sie alarmierten sofort einen Notarztwagen und ließen den Sterbenden ins Krankenhaus bringen. Dann öffneten die Beamten die Zelle 719: Andreas Baader lag tot auf dem Zellenboden, den Kopf in einer Blutlache. Anschließend überprüften die Wärter die Zelle 720: Gudrun Ensslins Körper hing bereits kalt am Fenster, verdeckt von einer Wolldecke. Lebend hingegen fanden sie Irmgard Möller; als der Notarzt ihre Wunden versorgen wollte, wehrte sie sich. Weil keiner der vier Stiche ihr Herz verletzt hatte, konnte sie gerettet werden. Raspe hingegen starb gegen 9.40 Uhr auf dem OP-Tisch.

Die Nachrichtenagentur *dpa* verbreitete um 8.58 Uhr die erste Eilmeldung über den Selbstmord von Baader und Ensslin; Kanzler Schmidt erfuhr direkt vor der für neun Uhr anberaumten Sondersitzung des Kabinetts davon. Im Kanzleramt verflüchtigte sich die Erleichterung, die sich nach der Befreiung der Lufthansa-Boeing eingestellt hatte, schlagartig. Justizminister Hans-Jochen Vogel schlug vor, internationale Experten zur Obduktion der Terroristen hinzuzuziehen. Er ahnte, dass Linksradikale die Regierung für den Tod von Baader, Ensslin und Raspe verantwortlich machen würden.

Tatsächlich nutzten die drei RAF-Führer ihren eigenen Selbstmord für eine letzte Attacke gegen den Rechtsstaat: Sie wollten die Legende verbreiten, ermordet worden zu sein. Mit Erfolg hatten sie Ähnliches bereits bei der Kampagne gegen die vermeintliche »Isolationshaft« und nach dem Selbstmord von Ulrike Meinhof getan. Während der Entführung von Schleyer streuten die Gefangenen gezielt Hinweise auf ein angebliches Komplott. So schrieb Andreas Baader am 7. Oktober 1977 an die zuständige Kammer des Oberlandesgerichts Stuttgart: »Keiner von uns hat die Absicht, sich umzubringen. Sollten wir hier ›tot aufgefunden werden‹, sind wir in der guten Tradition justizieller und politischer Maßnahmen dieses Verfahrens ermordet worden.« Gudrun Ensslin verlangte zehn Tage später die Anstaltsgeistlichen zu sehen und sagte ihnen, in ihrer Zelle lägen in einer Mappe mit der Aufschrift »Anwalt« drei Briefe. Wenn ihre Mitgefangenen und sie »hier vernichtet« würden, sollten die beiden Geistlichen diese Briefe an den Chef des Kanzleramtes schicken und ihre Anwälte informieren.[83] Natürlich wurden diese Schreiben nach dem Selbstmord nicht gefunden, denn es hatte sie nie gegeben. Baaders Brief wie Ensslins Hinweis an die Geistlichen richteten sich eigentlich an die linke Öffentlichkeit und sollten dort den Eindruck erwecken, sie seien umgebracht worden.

Gleichzeitig deuteten die drei RAF-Anführer gegenüber Polizisten und Justizangestellten ziemlich offen an, dass sie ihren Suizid planten. Am 14. Oktober 1977 sagte Baader zu einem Beamten, er verlange Kanzleramtschef Manfred Schüler zu sprechen, und fügte hinzu: »Wenn Schüler nicht kommt, wird er sehr bald sehr weit reisen müssen, um uns zu sprechen.«[84] Gudrun Ensslin sprach gegenüber dem BKA-Ermittler Alfred Klaus davon, »Schmidt die Entscheidung aus der Hand zu nehmen«, und Jan-Carl Raspe dachte ostentativ laut nach: »Nach sieben Tagen Durststreik ist der Tod unausweichlich, da nützen keine medizinischen Mätzchen mehr.«[85]

In der Unterstützerszene, die durch die Skrupellosigkeit des Terrorjahrs 1977 stark geschrumpft war, kam die Legende vom Mord in Stammheim trotzdem an: Bei der Beerdigung der drei Selbstmörder auf einem städtischen Friedhof in Stuttgart versammelten sich rund 1200 Sympathisanten, die den »Kampf« fortsetzen wollten, wenigstens verbal – einige demonstrierten ihren Willen durch geballte Fäuste über den offenen Gräbern. Sie glaubten der letzten Botschaft der Stammheimer; auf Transparenten und in Flugblättern wurde verkündet: »Gudrun, Andreas und Jan wurden in Stammheim gefoltert und ermordet.«[86] Allerdings passte dazu Irmgard Möllers Story schwerlich, ein »Kommando« habe sie zu töten versucht, das aber nicht geschafft.[87]

Mord an Schleyer

Noch in der Nacht zum 18. Oktober 1977 hatte sich Regierungssprecher Klaus Bölling direkt an die zweite Generation der RAF gewandt: »In dieser Stunde appellieren wir und mit uns alle Bürger noch einmal an die Entführer von Hanns Martin Schleyer – geben Sie Schleyer frei und begreifen Sie, dass der Weg des Terrors der Weg in die Selbstzerstörung ist.« Man werde »nicht nachlassen« in den Anstrengungen, das Leben der Geisel zu retten.[88]

Doch es war zu spät. Als in Bagdad die Nachricht von der Befreiung der »Landshut« und den Selbstmorden in Stammheim eintraf, befahl wahrscheinlich Brigitte Mohnhaupt, die Geisel zu töten. Laut Peter-Jürgen Boock wurde ein Telex an ein Postamt in Brüssel geschickt, das lautete: »Wir müssen das Geschäft jetzt zum Abschluss bringen, die letzte Ladung ist verdorben. Seht Ihr das auch so?« Es sei ein Fernschreiben zurückgekommen – mit nur einem Wort: »Okay«.[89]

Wer genau daraufhin Schleyer erschoss, wo das geschah und wann exakt, konnte nie geklärt werden. Vielleicht waren Stefan Wisniewski und Rolf Clemens Wagner die Täter, wie die Bundesanwaltschaft vermutete; vielleicht Wisniewski und Rolf Heißler, wie Boock behauptete. Da alle drei in Frage kommenden Todesschützen wegen ihrer nachgewiesenen Beteiligung an der Schleyer-Entführung als Mittäter zu lebenslänglichen Gefängnisstrafen verurteilt wurden, spielte es keine Rolle, wer den Abzug der Mordwaffe durchdrückte.[90] Die Todeszeit konnte nur auf etwa zwölf Stunden genau eingegrenzt werden, zwischen dem 18. Oktober 1977 gegen 13 Uhr und der folgenden Nacht um ein Uhr. Fest stand allein, dass Schleyer mit drei Kopfschüssen regelrecht hingerichtet wurde. Seinen Leichnam ließen die Mörder in einem gebraucht gekauften grünen Audi 100 im elsässischen Mulhouse zurück.

Das RAF-Mitglied Silke Maier-Witt rief das *dpa*-Büro in Stuttgart an und teilte mit: »Wir haben nach 43 Tagen Hanns-Martin Schleyers klägliche und korrupte Existenz beendet.« Und sie drohte: »Der Kampf hat erst begonnen! Freiheit durch bewaffneten antiimperialistischen Kampf!«[91] Als Reaktion ließ sich Klaus Bölling zu einer in der bundesdeutschen Geschichte wohl einzigartigen Drohung hinreißen: »Der Staat wird die Verbrecher (…) mit allen ihm zu Gebote stehenden Mitteln verfolgen. Sie werden nicht mehr zur Ruhe kommen.«[92]

Blutiges Nachspiel

Nach dem Selbstmord der Stammheimer Gefangenen und dem Mord an Schleyer tauchte der größte Teil der RAF zunächst ab – für gut zwei Monate. Der Fahndungsdruck war nicht mehr so hoch wie während der wochenlangen Entführung; so blieben zwei Anfang Oktober 1977 in Hamburg gemietete konspirative Wohnungen für mehr als ein halbes Jahr unentdeckt.[93] Dennoch wurden bis Januar 1978 in Amsterdam und Hamburg drei untergetauchte RAF-Mitglieder festgenommen, die der Spurenlage nach alle zumindest am Rande an der Schleyer-Entführung beteiligt waren. Dabei erlitten zwei niederländische und ein deutscher Polizist erhebliche Verletzungen. Gleichzeitig spähten einige RAF-Mitglieder andere mögliche Anschlagsziele aus; Silke Maier-Witt zum Beispiel die Lebensgewohnheiten von Außenminister und Vizekanzler Hans-Dietrich Genscher.[94] Die Zentrale der Gruppe lag nun in Paris.

Die Bewegung 2. Juni beschaffte sich derweil durch die Entführung des österreichischen Textilindustriellen Walter Palmers in Wien neues Geld. Drei Kidnapper verschleppten den 74-Jährigen am Abend des 9. November 1977, als er eben seinen VW-Golf vor seinem Haus abschloss.[95] Die Täter brachten ihr Opfer in eine Wohnung in Wien, die sie »Volksgefängnis« nannten. Palmers Sohn bezahlte 30,5 Millionen Schilling (rund 4,4 Millionen DM) Lösegeld, und nach rund hundert Stunden wurde Palmers unbeschadet freigelassen. Zu den Entführern zählten drei österreichische Studenten, die alle binnen Kurzem ins Netz der Ermittler gingen. Dagegen entkamen die Drahtzieher zunächst: mehrere Mitglieder der Bewegung 2. Juni, die Österreich als »gutes Etappenland« betrachteten, darunter Gabriele Rollnik, Inge Viett und Juliane Plambeck. Das Lösegeld wurde geteilt: Umgerechnet eine Million bekamen palästinensische Gruppen für ihre Unterstützung, eine Million ging an die RAF, und 600 000 DM wurden irgendwo in Norditalien vergraben, aber nie wieder gefunden. Mit dem Rest setzte die Bewegung 2. Juni ihr Leben in der Illegalität fort.[96]

Am 11. Mai 1978 erlitt die zweite Generation der RAF einen besonders schweren Schlag. Zufällig am selben Tag wurden in Paris Stefan Wisniewski und in Belgrad Brigitte Mohnhaupt, Peter Jürgen Boock, Sieglinde Hofmann und Rolf Clemens Wagner festgenommen. Frankreich lieferte Wisniewski umgehend an die Bundesrepublik aus, der bei seiner ersten Vernehmung im Gefängnis Frankenthal den Ermittlungsrichter angriff.[97] Jugoslawien dagegen weigerte sich, die vier festgenommenen RAF-Mitglieder zu überstellen, sofern nicht im Gegenzug Gegner des nationalkommunistischen Regimes von Präsident Tito in der Bundesrepublik verhaftet würden. Obwohl es seit 1970 ein Auslieferungsabkommen zwischen Deutschland und Jugoslawien gab, bestand Belgrad auf seiner Forderung und nahm dafür eine massive Verschlechterung der Beziehungen in Kauf. Schmidt ließ sich von Tito ebenso wenig erpressen wie von der RAF.[98]

Während der Haft von Mohnhaupt und den anderen in Jugoslawien entwickelten sich Christian Klar und Adelheid Schulz zu Wortführern der verbliebenen Gruppe.[99] Sie wollten den verhafteten Wisniewski befreien. Doch mehrere Flüge mit gemieteten Hubschraubern, die sie als angebliches Filmteam unternahmen und die über das Gefängnis Frankenthal führten, fielen auf. Am 6. August 1978 beschattete ein Dutzend Fahnder in fünf Autos die beiden und Willy-Peter Stoll. Die Observierten entkamen. Erst nach ihrer Flucht stellte das BKA durch den Vergleich von Fingerabdrücken fest, dass man drei führende Mitglieder der RAF zum Greifen nahe vor sich gehabt hatte.

Nur einen Monat später, am frühen Abend des 6. September 1978, ging Stoll in Düsseldorf in ein China-Restaurant. Er hatte gerade ein Menü bestellt, als zwei Zivilpolizisten hereinkamen und ihn festnehmen wollten; sie hatten einen telefonischen Tipp bekommen. Obwohl Stoll am Tisch saß und keine Fluchtmöglichkeit aus dem relativ kleinen Lokal hatte, versuchte er, seine Waffe zu ziehen. In Notwehr schossen die beiden Beamten auf ihn. Stoll wurde ins nächstgelegene Krankenhaus gebracht und starb in der Notaufnahme an seinen Verletzungen. Angesichts seines Verhaltens kursierten rasch Spekulationen, er habe sich bewusst erschießen lassen.[100]

Am 24. September 1978 gab es den nächsten tödlichen Zwischenfall. Drei RAF-Mitglieder übten in einem Wald bei Dortmund nachmittags schießen und fielen damit Nachbarn auf, die umgehend die Polizei informierten. Als zwei Beamte Angelika Speitel, die an der Schleyer-Entführung beteiligt gewesen war, und den RAF-Neuling Michael Knoll festnehmen wollten, eröffnete der dritte Mann, Werner Lotze, das Feuer. Er tötete den 25-jährigen Hans-Wilhelm Hansen sofort und verletzte seinen Kollegen schwer. Der 44-Jährige konnte dennoch zurückschießen; er traf Knoll lebensgefährlich und Speitel erheblich. Zwei Wochen später starb Knoll auf der Intensivstation.[101]

Eine weitere Schießerei lieferten sich die RAF-Mitglieder Adelheid Schulz und Rolf Heißler an Allerheiligen 1978 mit niederländischen Zöllnern zwischen der holländischen Stadt Kerkrade und dem deutschen Ort Herzogenrath. Dionysius de Jong und Johannes Goemans hatten Heißler mittags beim Überschreiten der grünen Grenze entdeckt, kontrolliert und wollten ihn den deutschen Behörden übergeben. Unbemerkt näherte sich Schulz von hinten und feuerte mit einer Maschinenpistole; auch Heißler zog eine Waffe. Ein Zöllner starb sofort, der zweite erlag später seinen Verletzungen. Die beiden Täter flüchteten zuerst zu Fuß, dann hielten sie den Lieferwagen eines Bäckers an und zwangen den Fahrer, ihnen den Ford Transit zu überlassen. Mit hoher Geschwindigkeit flüchteten sie .[102] Mit der Maschinenpistole, das ergab die Untersuchung der Projektile, war am 3. August 1977 beim Überfall auf eine Bank in Essen geschossen worden; Scheine aus dieser Beute hatte Knut Folkerts bei seiner Festnahme in Utrecht sieben Wochen später bei sich gehabt.[103]

Anfang November 1978 schob die jugoslawische Regierung nach sechs Monaten Haft Brigitte Mohnhaupt, Peter-Jürgen Boock und die beiden anderen festgenommenen RAF-Mitglieder in den Südjemen ab, wo Wadi Haddads PFLP sie empfing und ihnen wie schon zwei Jahre zuvor in einem Ausbildungscamp ein sicheres Quartier bot. Hier trafen im Dezember 1978 die anderen noch freien RAF-Mitglieder ein. Zwei Monate dauerte der Aufenthalt. Neue Pläne wurden gemacht: Das nächste Ziel sollte Nato-Oberbefehlshaber General Alexander Haig sein. Vorher wurde bei zwei Banküberfällen Geld beschafft; in Darmstadt bekam dabei ein Rentner eine Kugel ins Bein.

Während der Vorbereitungen zum Haig-Attentat verlor die RAF zwei weitere Mitglieder: Elisabeth von Dyck widersetzte sich am 4. Mai 1979 vor einer konspirativen Wohnung in Nürnberg ihrer Festnahme und zog eine Pistole, woraufhin Beamte schossen und sie tödlich verletzten. In der Wohnung fanden sich Fingerabdrücke von Rolf Heißler, Christian Klar und Adelheid Schulz.[104] Fünf Wochen später ging Heißler der Polizei ins Netz, als er eine RAF-Wohnung in Frankfurt betreten wollte. Er zog einen Revolver, doch ein Polizist war schneller und traf ihn oberhalb des linken Auges. Trotzdem bestand keine Lebensgefahr, der Terrorist trug keine nennenswerten Folgeschäden davon.[105]

Um den US-General zu töten, der Ende Juni 1979 regulär seinen Posten abgeben sollte, versteckten mehrere RAF-Mitglieder eine selbstgebaute Bombe mit zwölf Kilogramm Sprengstoff in einem Entwässerungskanal unter der Rue de l'Empire im belgischen Ort Obourg nahe Mons, dem Sitz der Nato-Zentrale.[106] Als Haigs schwerer Mercedes am 25. Juni 1979, einem Montag, mit zwei Begleitfahrzeugen über die Bombe fuhr, löste Werner Lotze um 8:32 Uhr den Fernzünder aus. Doch er drückte einen Sekundenbruchteil zu spät: Die Detonation erfolgte, als Haigs Wagen mit etwa 70 Stundenkilometern gerade über die Ladung hinweggefahren war, und bevor der zweite Begleitwagen an derselben Stelle war. Der Mercedes des Generals wurde hinten angehoben, das folgende Auto erlitt einen Totalschaden. Doch die Insassen wurden nur leicht verletzt. In ihrem Bekennerschreiben erklärte die RAF das Scheitern: »Wir hatten vorher ausgerechnet, dass sich der Wagen zwei Meter in der Zehntelsekunde bewegt. Unser Fehler war, dass wir dachten, die Explosion auch bei einer so hohen Geschwindigkeit noch exakt genug mit der Hand auslösen zu können.«[107] Alexander Haig reagierte auf den Anschlag mit Galgenhumor: »Wer den Montagmorgen erst einmal hinter sich hat, für den wird der Rest der Woche einfacher.«[108]

Für weitere Anschläge benötigte die Gruppe frisches Geld.[109] Am 19. November 1979 überfielen vier RAF-Mitglieder morgens eine Filiale der Schweizerischen Volksbank an der Züricher Bahnhofstraße, erbeuteten in knapp einer Minute fast 550 000 Schweizer Franken und flohen auf Fahrrädern. Doch sie wurden verfolgt. Christian Klar, Henning Beer, Rolf Clemens Wagner und Peter-Jürgen Boock feuerten insgesamt 17 Schüsse ab, töteten die Passantin Edith Klezhändler, verletzten eine Autofahrerin und einen Polizisten schwer und einen weiteren Beamten erheblich. Wagner wurde festgenommen; bei sich hatte er mehr als zwei Drittel der Beute.

In den gut zwei Jahren nach dem Ende der Schleyer-Entführung hatte die zweite Generation der RAF vier Menschen ermordet und zwölf verletzt, sechs davon schwer. In der gleichen Zeit nahmen die deutsche und die Schweizer Polizei vier führende Mitglieder fest; zwei weitere wurden beim Versuch, sich freizuschießen, in Notwehr getötet. Das Nachspiel des Terrorjahres 1977 war überaus blutig.

Selbstauflösung der Bewegung 2. Juni

Der französischen Polizei gelang am 5. Mai 1980 ein wichtiger Schlag gegen den deutschen Linksterrorismus: In einer konspirativen Wohnung im Pariser Szeneviertel Quartier Latin wurden Sieglinde Hofmann, eine Mittäterin bei der Schleyer-Entführung, und vier weibliche Mitglieder der Bewegung 2. Juni festgenommen. Die Ermittler stellten außerdem mehrere Pistolen, tausend Schuss Munition, Sprengstoff, Molotow-Cocktails und eine Fälscherwerkstatt sicher.

BKA-Chef Horst Herold bezeichnete die Wohnung als »Pharaonengrab«.[110]

Für die Bewegung 2. Juni war dieser Fahndungserfolg das Ende. Vier Wochen später verkündeten die restlichen Mitglieder der durch Festnahmen dezimierten Gruppe, zu denen noch Inge Viett und Juliane Plambeck zählten: »Nach zehn Jahren bewaffnetem Kampf wollen wir unsere Geschichte kritisch reflektieren und erklären, warum wir heute sagen: Wir lösen die Bewegung 2. Juni als Organisation auf und führen in der RAF – als RAF – den antiimperialistischen Kampf weiter.« Selbstkritisch hieß es in der Erklärung: »Die Bewegung 2. Juni hat sich als Widerspruch zur RAF gegründet (...) das hat 10 Jahre lang Spaltung, Konkurrenz und Desorientierung unter den Linken und auch in der Guerilla produziert und es hat auch unseren eigenen revolutionären Prozess behindert.« Unterschrieben war die Erklärung, die der *Tageszeitung* zugespielt und dort am 11. Juni 1980 veröffentlicht wurde, mit den Worten: »Zum letzten Mal – Bewegung 2. Juni.«[111]

Damit waren mehrere Gründungsmitglieder allerdings keineswegs einverstanden. Ralf Reinders und Ronald Fritzsch, die seit 1975 in Haft saßen, unterzeichneten eine Gegenerklärung: »Jawohl, die Fraktion, die seit drei Jahren versucht, die Bewegung 2. Juni auf RAF-Linie zu bringen, ist zur RAF gegangen. In ihrem Übereifer haben diese Genossen gleich die gesamte Bewegung mitaufgelöst – in einem Meer von Phrasen.« Sie schlossen ihre detaillierte, allerdings ebenfalls phrasenhafte Kritik der Auflösungserklärung mit den Worten: »Sozialrevolutionäre Politik – für die unter anderem auch die Bewegung 2. Juni steht – lässt sich nicht ›auflösen‹ wie ein kleinbürgerlicher Schrebergartenverein!«[112] Auch Till Meyer verwahrte sich, ebenfalls im Gefängnis: »Ausgerechnet von der RAF sollten wir uns deckeln lassen, die das Konzept Stadtguerilla in den vergangenen fünf Jahren mit ihren Katastrophenaktionen aufs Heftigste diskreditiert hatte.«[113] Allerdings trat fortan niemand mehr mit Anschlägen oder propagandistisch im Namen der Bewegung 2. Juni auf.

Flucht in die DDR

Auf die Dauer zehrte das Leben in der Illegalität enorm an den Kräften der RAF-Mitglieder. Seit Ende 1979 wollten acht von ihnen aussteigen. Inge Viett versuchte über ihre Kontakte zur Stasi in Ost-Berlin, diesen acht ein Exil zu verschaffen. Ob die DDR helfen könne, Aussteiger in Afrika untertauchen zu lassen? Die MfS-Spezialisten machten der RAF-Abgesandten wenig Hoffnung: »Es wird für die Leute keine dauerhafte Sicherheit in Schwarzafrika geben.« Doch die Stasi hatte einen Vorschlag: »Habt ihr nicht mal daran gedacht, die demobilisierten Kämpfer zu uns zu bringen?« Viett war eigenen Angaben zufolge überrascht; daran habe sie nicht gedacht. Doch sie fand die Idee »sofort gut«, denn diese Lösung würde »alle Probleme minimieren«.[114] Zehn Tage dauerte der Abstecher in die DDR, dann flog Viett zurück nach Paris.

Ein Untertauchen in der DDR war vergleichsweise einfach: Es gab keine Sprachprobleme, und maximale Konspiration war im Interesse beider Seiten, denn weder hatten die Aussteiger ein Interesse, dass ihr Exil aufflog, noch konnte der Stasi daran gelegen sein, dass ihre Unterstützung für gesuchte Terroristen bekannt würde. Mutmaßlich mit Genehmigung von SED-Generalsekretär Erich Honecker und sicher von Stasi-Chef Erich Mielke erhielten die Aussteiger von der Stasi falsche Identitäten und begannen im real existierenden Sozialismus ein fast ganz normales Leben.[115]

Susanne Albrecht zum Beispiel kam nach etwas mehr als drei Jahren im Untergrund im September 1980 über Prag nach Ost-Berlin.[116] Sie wurde in ein konspiratives Haus der Stasi bei Frankfurt (Oder) gebracht. Hier wartete ein Eingewöhnungsprogramm auf sie, vor allem eine neue Identität unter dem Namen »Ingrid Jäger«. Immer wieder schrieb sie ihre vermeintliche Biografie handschriftlich auf, einschließlich des falschen Geburtsdatums, des 10. April 1951, und des falschen Geburtsorts Madrid, um sie sich einzuprägen. Nach einigen Wochen bekam »Ingrid Jäger« einen Arbeitsplatz an der Ingenieurhochschule für Bauwesen in Cottbus zugewiesen. »Nach relativ kurzer Einarbeitungszeit wurde der IM den beruflichen Anforderungen gerecht«, stellte ihr Stasi-Betreuer fest. Doch nicht in allem verhielt sich Albrecht so, wie sich das die Stasi wünschte. In einer undatierten »Sicherheitsanalyse« hieß es: »1981 unterlief der IM bewusst erteilte Auflagen, indem sie sich über eine notwendige Kontaktsperre zu ehemaligen Mitgliedern der Gruppe Stern hinweggesetzte.« Susanne Albrecht hatte sich ohne Erlaubnis mit anderen RAF-Aussteigern getroffen.

Der Physiker, den Susanne Albrecht im Jahr 1983 heiratete, wusste nicht um die wahre Identität seiner Frau. Mit ihm lebte sie in einer sozialistisch-spießbürgerlichen Idylle und betätigte sich als Spitzel. Beispielsweise informierte sie das MfS, was in ihrem Bekanntenkreis über Ausreiseanträge gesprochen wurde und wer Kontakte in die Bundesrepublik pflegte.

Ende im Wald

Die Stasi betreute nicht nur die RAF-Aussteiger, sondern ebenso noch aktive Mitglieder. Unter dem MfS-Kürzel »Stern 1« bekamen Christian Klar, Inge Viett und weitere Mitglieder in einem Stasi-Objekt eine Ausbildung an sowjetischen Panzerfäusten und Sprengfallen. Der entsprechende Vorgang wurde laut Akten am 1. April 1981 eröffnet. Stasi und RAF hatten dieselben Feinde: den »USA-Imperialismus und seine Handlanger und Interessenvertreter in der BRD«.[117]

Entsprechend richteten sich die beiden RAF-Anschläge des Jahres 1981 gegen US-Einrichtungen: Am 31. August explodierten morgens zwei Bomben in einem Wagen auf dem Parkplatz des US-Air-Force-Flugplatzes Ramstein bei Kaiserslautern. 17 Menschen wurden zum Teil lebensgefährlich verletzt, darunter zwei Deutsche.[118] Zwei Wochen später schoss Christian Klar mitten in Heidelberg mit einer Panzerfaust auf den gepanzerten Dienstwagen des US-Generals Frederick Kroesen, Kommandeur der Nato in Mitteleuropa.[119] Das Geschoss traf den Kofferraum des Mercedes. Sekunden später explodierte eine zweite Raketengranate nur 60 Zentimeter neben dem schweren Auto auf dem Asphalt, gleichzeitig wurde mit einem Schnellfeuergewehr auf die stark beschädigte S-Klasse geschossen. Dann drückte der Fahrer das Gaspedal durch und manövrierte den General aus der Gefahrenzone. Kroesen und seine Ehefrau sowie ein Adjutant wurden leicht verletzt.

Alarmierender als die eigentlichen Anschläge in Ramstein und Heidelberg erschien Sicherheitsexperten des BKA, dass die RAF zum ersten Mal seit Mai 1972 versuchte, mit ihren Angriffen eine potenzielle Massenbasis zu schaffen: Die Friedensbewegung, die 1981 massiv gegen den Nato-Doppelbeschluss zur Nachrüstung und gegen Atomwaffen generell demonstrierte, könnte aufgrund ihres Antiamerikanismus Sympathien für die RAF-Terroristen entwickeln. Genau darauf spekulierten die Täter. Das zeigten die Bekennerschreiben, laut denen sich die Attentate gegen die »US-Imperialisten« richteten, die »ihre Weltbeherrschungspläne nicht in Ruhe vorbereiten und ausführen« dürften. Kroesen sei einer jener Generäle, die »statt Schmidt, Genscher, Strauß, Kohl oder wer es dann auch ist, die BRD offen kommandieren wollen, wenn der Widerstand den Kolonialstatus dieses Landes ernsthaft erschüttert«. Deshalb würde seit Jahren »die BRD-Linke im Computer im Heidelberger Headquarter gespeichert«.[120] Dennoch folgte 1981/82 kein weiterer Anschlag gegen US- oder Nato-Einrichtungen mehr – offenbar war die Reaktion der Friedensbewegung auf den Heidelberger Anschlag nicht so ausgefallen, wie die RAF sich das erhofft hatte.

Der RAF-Führung um Brigitte Mohnhaupt, Christian Klar und Adelheid Schulz gingen nun die Kader aus: Schon im Juli 1980 waren Juliane Plambeck und Wolfgang Beer bei einem Autounfall ums Leben gekommen. Im Januar 1981 verfing sich Peter-Jürgen Boock, der auf eigene Faust ausgestiegen und nicht in der DDR abgetaucht war, im Fahndungsnetz der Hamburger Polizei. Henning Beer wählte am 1. April 1982 das Ausstiegsangebot der Staatssicherheit, Inge Viett folgte ihm im August – nach eigenen Angaben litt sie darunter, dass sie den Pariser Verkehrspolizisten Francis Violleau bei einem Schusswechsel lebensgefährlich verletzt und damit für den Rest seines Leben in den Rollstuhl gezwungen hatte.[121]

Zur Zerschlagung der zweiten Generation der RAF führte schließlich ein Zufall: In einem Wald südlich von Frankfurt fand das BKA am 25. Oktober 1982 zwei vergrabene Plastiktonnen mit Waffen, falschen Ausweisen, Geld aus mehreren Banküberfällen der RAF und zahlreichen Unterlagen, säuberlich in Plastiktüten verpackt.[122] Nach späteren offiziellen Angaben sollten Pilzsammler aus Österreich das Depot in der Gemarkung Heusenstamm zufällig entdeckt haben – das klang für manche Beobachter nach einer allzu durchsichtigen Tarnstory. Sie mutmaßten, dass Verena Becker, seit Mai 1977 im Gefängnis und zu lebenslänglicher Haft verurteilt, das Versteck dem Verfassungsschutz verraten haben könnte, mit dem sie 1981/82 Gespräche geführt hatte. Sollte das zentrale Depot der RAF tatsächlich fünfeinhalb Jahre lang nie verlegt worden sein, obwohl zahlreiche Mitglieder der Gruppe verhaftet worden waren?

Mehrere sichergestellte Waffen konnten einzelnen Morden der RAF zugeordnet werden, so drei Gewehre, mit denen am 5. September 1977 die Begleiter von Hanns Martin Schleyer erschossen worden waren, die Tatpistole im Fall Ponto und der Revolver, mit dem 1978 der Polizist Hans-Wilhelm Hansen bei Dortmund getötet worden war. Noch wichtiger waren verschlüsselte Hinweise auf weitere Depots, von denen das BKA binnen weniger Tage immerhin zehn finden konnte. Alle wurden möglichst unauffällig leergeräumt und fortan Tag wie Nacht von Polizisten bewacht, die sich teilweise im Waldboden eingruben – in der Hoffnung darauf, dass RAF-Mitglieder Geld, Ausweise oder Waffen aus den Depots holen wollten.

Am Nachmittag des 11. November 1982, nach 16 Tagen, zahlte sich der Aufwand aus: Zwei Frauen gingen zum Zentraldepot und legten dort zwei mitgebrachte, offenbar gefüllte Taschen ab. Offensichtlich wollten sie nichts abholen, sondern etwas einlagern. Ein halbes Dutzend Beamte der GSG-9 erwartete sie. Als die beiden Frauen Klappspaten herausholten, sprangen die Polizisten aus ihren Verstecken auf und überwältigten Brigitte Mohnhaupt und Adelheid Schulz. Sie hatten keine Gelegenheit mehr, ihre Waffen zu ziehen: Beide wurden festgenommen. Ihre Pistolen stammten aus dem Überfall auf das Waffengeschäft Fischlein in Frankfurt 1977.

Den Fahndungserfolg veröffentlichte das BKA umgehend – um Druck auf die verbliebenen RAF-Mitglieder zu machen, vor allem auf Christian Klar. Er wusste, dass in dem Depot in Heusenstamm verschlüsselte Hinweise auf die anderen Depots lagen. Nach der Festnahme von Mohnhaupt und Schulz seien, so sagte Klar in einer seiner wenigen Äußerungen vor Gericht aus, ein »paar« der verbliebenen Illegalen zusammengekommen – jene, »die gerade« erreichbar waren. Sie hätten gemeinsam beschlossen, ein nahe Hamburg gelegenes Depot zu überprüfen. Weil Klar »der Einzige gewesen sei, der die Gegend so gut gekannt habe, um Veränderungen mitzubekommen«, sei er zu diesem Depot mit dem Decknamen »Daphne« im Sachsenwald gegangen. Er war vorsichtig: Schon vor zehn Uhr am 16. November 1982 habe er die Umgebung abgefahren, sich dann um 12:30 Uhr dem Depot bis auf 30 Meter genähert und sei eine halbe Stunde später getarnt als Jogger direkt dorthin gelaufen. Polizisten eines Spezialkommandos aus Schleswig-Holstein griffen zu; Klar wurde festgenommen, ohne Widerstand zu leisten.[123]

Die dritte Generation

Zwischenspiel

Drei Monate nach der Festnahme von Mohnhaupt, Schulz und Klar veröffentlichte Mitte Februar 1983 das BKA ein neues Fahndungsplakat, das mit 286 000 Exemplaren verbreitet wurde.[1] Gesucht wurde nach 16 mutmaßlichen Terroristen, doch nur vier von ihnen lebten zu dieser Zeit noch als aktive RAF-Mitglieder untergetaucht in der Bundesrepublik. Zehn, darunter Susanne Albrecht und Inge Viett, waren bereits aus dem Terror ausgestiegen und gewöhnten sich in der DDR an ein möglichst unauffälliges Leben; eine Linksextremistin hatte sich in den Irak abgesetzt, eine war wohl bereits 1982 im Libanon gestorben – worauf das BKA vage Hinweise bekam, die sich allerdings nicht bestätigen ließen.

Zwei der vier Aktiven waren alte Bekannte der Behörden: Helmut Pohl hatte bereits 1971/72 für die erste RAF-Generation Autos gestohlen und gehörte 1974 zu der Gruppe, die eine gewaltsame Befreiung Andreas Baaders vorbereitete. Er musste seine volle Haftstrafe bis 1979 absitzen, tauchte nach der Entlassung wieder ab und beteiligte sich an den Anschlägen auf US-Einrichtungen. Auch Christa Eckes, die aus dem Umfeld der Anti-Folter-Komitees stammte, hatte seit 1974 in Haft gesessen und war nach ihrer Entlassung wieder in die Illegalität gegangen. Bei beiden hatte das BKA zwar damit gerechnet, aber es gab keine rechtsstaatliche Möglichkeit, sie zu hindern.

Die beiden anderen hatten noch keine Haftstrafen wegen RAF-Mitgliedschaft hinter sich: Die ehemalige Kunststudentin Ingrid Jakobsmeier stand im Verdacht, noch zusammen mit Christian Klar mindestens eine Bank überfallen zu haben. Gisela Dutzi hatte unter falschem Namen eine konspirative Wohnung in Heidelberg gemietet, in der Fingerabdrücke von Klar und anderen RAF-Mitgliedern gefunden worden waren. Als die Polizei die ehemalige technische Zeichnerin festnehmen wollte, war sie abgetaucht.

Erstaunlich schnell führte die Großfahndung zu einem Erfolg: Dutzi wurde am 1. März 1983 auf dem Hauptbahnhof von Darmstadt verhaftet. Sie hatte falsche Papiere und eine großkalibrige Pistole bei sich. Die übrigen Gesuchten blieben verschwunden. Erst bei einem Überfall auf eine Sparkasse in Würzburg am 26. März 1984 fand die Polizei erneut Spuren mutmaßlicher RAF-Mitglieder.[2] Die Beute betrug 171 000 Mark – damit verfügte die Gruppe wieder über genügend Geld für weitere Anschläge.

Gegen wen sich die RAF nun richten wollte, zeigte der 22. Juni 1984: Nahe dem Haus des Richters, der das gerade eröffnete Verfahren gegen Brigitte Mohnhaupt und Christian Klar leitete, fiel Polizisten eine junge Frau auf, die sich seltsam benahm. Als die Beamten sie kontrollieren wollten, zog sie eine Waffe und feuerte fünfmal. Trotzdem konnte sie festgenommen werden. Offenbar hatte sie versucht, die Gewohnheiten des Richters auszuspähen; bei ihr fand sich ein 500-Mark-Schein aus der Würzburger Beute.[3]

Rein zufällig gelang dem BKA zwei Wochen später ein großer Schlag: In einer Wohnung in Frankfurt, die eine Studentin während einer zweiwöchigen USA-Reise untervermietet hatte, löste sich am Abend des 2. Juli 1984 ein Schuss. Das Geschoss durchschlug den Boden und blieb in der darunterliegenden Wohnung stecken.[4] Der Mieter rief die Polizei. Acht Beamte stürmten bald nach 22 Uhr die Wohnung in schusssicheren Westen – und waren völlig überrascht, als sie auf gleich vier gesuchte RAF-Mitglieder stießen, darunter Helmut Pohl, Ingrid Jakobsmeier und Christa Eckes, sowie auf zwei weitere Personen, darunter Ernst-Volker Staub. Außerdem fanden die Beamten sechs Waffen mit Munition, eine Handgranate und zahlreiche gefälschte Ausweise. Weiter nahmen sie mehrere tausend Blatt Papier aus der Wohnung mit, darunter Notizen über US- und Nato-Einrichtungen sowie über führende Männer der deutschen Wirtschaft.

Erneuter Neuaufbau

Nach dem Zugriff in Frankfurt befand sich nur noch ein einziges aktives Mitglied des inneren Kreises der RAF in der Illegalität: Eva Haule hatte seit Anfang der 1980er-Jahre zu den Unterstützern der RAF gehört, war 1982 in Untersuchungshaft genommen und wieder entlassen worden, weil ihr nicht mit hinreichender Sicherheit Straftaten nachgewiesen werden konnten. Auf Unterlagen aus der konspirativen Wohnung wurden nun ihre Fingerabdrücke gefunden, womit ihre RAF-Mitgliedschaft bewiesen war.

Doch es wiederholte sich, was schon nach den Fahndungserfolgen 1972, 1974 bis 1976 und 1982 eingetreten war: Aus dem Unterstützerumfeld rekrutierte sich ein neuer harter Kern. »Die alte RAF ist 1982 zu Ende gegangen, aber eine neue Terroristengeneration wird sie ablösen«, hatte der pensionierte BKA-Chef Herold nach der Festnahme von Mohnhaupt, Schulz und Klar gewarnt.[5] Nach den Festnahmen in Frankfurt geschah genau das: Mit erschreckender Geschwindigkeit bildete sich bis zum Herbst 1984 die dritte Generation der RAF. Wie diese Gruppe genau zustande kam und welche Mitglieder sie hatte, ist bis heute unbekannt. Die Bundesanwaltschaft ging vage von »mindestens 15 Personen« aus; Festnahmen seien durch Rekrutierungen »vollständig ausgeglichen worden«.[6] Doch eine Reihe untergetauchter Linksextremisten, die das BKA der neu formierten Gruppe zurechnete, gehörten ihr wohl doch nicht an oder hatten nur gelegentlichen Kontakt.[7]

Einigermaßen gewiss ist nur, dass Wolfgang Grams, der bereits 1974 gewaltsam gegen die angebliche »Isolationsfolter« protestiert hatte, und seine Lebensgefährtin Birgit Hogefeld zum Kern der Gruppe gehörten, ferner Eva Haule. Neben der obersten Ebene gab es eine Reserve, die sich »kämpfende Einheiten« nannte. Zwischen 1985 und 1990 verübten diese meist unbekannten Militanten rund 30 Sprengstoff- und Brandanschläge, bei denen außer zwei Attentätern niemand ums Leben kam.

Ihre erste größere Straftat beging die neue RAF-Generation am 5. November 1984 in Maxdorf bei Ludwigshafen: Mindestens zwei Täter erbeuteten in einem Waffengeschäft 22 Pistolen und Revolver sowie zwei Gewehre, außerdem 2800 Schuss passende Munition.[8] Die Behörden nahmen den Überfall so ernst, dass der Innenminister das Bundeskabinett in Bonn schon eine Woche später darüber informierte: »Alle Anzeichen deuteten darauf hin, dass der Überfall der RAF anzulasten sei.«[9]

Die neuen Terroristen hatten gelernt: Sie hinterließen weit weniger Spuren als ihre Vorgänger – weder in konspirativen Wohnungen noch in Tatfahrzeugen. Nur wenige Fingerabdrücke konnten gesichert werden; offenbar benutzten die Täter bei ihren Anschlägen Sprühpflaster, wenn sie aus Tarnungsgründen keine Handschuhe tragen konnten. Daher tat sich die Polizei schwer, einzelne Taten mit bestimmten

Personen in Verbindung zu bringen. DNA-Analysen waren noch sehr aufwendig und erst ab 1988 als Beweismittel vor Gericht anerkannt. Ausgefallene Haare, die gelegentlich an Tatorten der dritten Generation gesichert werden konnten, ließen sich seinerzeit keiner bestimmten Person zuordnen – das ging nur mit ausgerissenen Haaren, an denen Zellen der Haarwurzeln hingen.

»Offensive 84/85«

Durch einen technischen Defekt misslang der nächste Anschlag. Am 18. Dezember 1984, einem Dienstag, fuhr gegen 7:45 Uhr ein Mann in US-Uniform auf das Gelände der Nato-Schule in Oberammergau.[10] Der Wachposten am Tor kontrollierte seinen Ausweis und ließ ihn passieren. Der Mann parkte seinen Wagen, einen gestohlenen Audi 80 mit gefälschten US-Kennzeichen, direkt vor dem Hauptgebäude und verließ das Gelände zu Fuß. Dabei fiel er jedoch einem Offizier durch sein unmilitärisches Verhalten auf. Als das Kennzeichen des abgestellten Fahrzeuges überprüft wurde, stellte sich schnell heraus, dass es nicht zum Modell passte. Die Nato-Schule wurde umgehend evakuiert, die Ladung am Nachmittag entschärft. Sie bestand aus 25 Kilogramm industriellem Sprengstoff, drei Gasflaschen, einer selbstgebauten Rohrbombe und schweren Gleisschrauben. Bei einer Explosion hätten diese Schrauben für die Opfer besonders schlimme Folgen gehabt. Doch zum Glück hatte der Zeitzünder versagt. Die RAF bekannte sich gleich doppelt zu dem gescheiterten Attentat, zuerst per Anruf bei der *Süddeutschen Zeitung*, dann mit einem Schreiben an dieselbe Redaktion. »Ziel der Aktion« sei es gewesen, »die Militärs dort direkt auszuschalten«.[11]

Mitte Januar 1985 kündigte ein Schreiben von RAF und Action Directe eine deutsch-französische Terrorkooperation an: »Die westeuropäische Guerilla erschüttert das imperialistische Zentrum!«, hieß es in dem zweisprachigen Papier.[12] Die Action Directe war Ende der 1970er-Jahre nach dem Vorbild der RAF entstanden und galt in Frankreich zunächst als nicht sehr bedrohlich; 1981 waren sogar mehrere inhaftierte Mitglieder durch eine Amnestie des neuen Präsidenten François Mitterand freigekommen.

Ein Fehler, wie sich spätestens am Abend des 25. Januar 1985 zeigte: Nahe Paris wurde ein hochrangiger General des Verteidigungsministeriums erschossen.[13] Offiziell bekannte sich ein »Kommando Elisabeth von Dyck der Action Directe« dazu. Zum ersten Mal tauchte der Name einer deutschen Terroristin im Bekennerschreiben einer ausländischen Gruppe auf. Offenbar bestand tatsächlich eine Kooperation.

Zur Gewissheit wurde diese Befürchtung eine Woche später: Eine junge Frau klingelte am Morgen des 1. Februar 1985 am Privathaus von Ernst Zimmermann, dem Chef der Motoren- und Turbinenunion und gleichzeitig des Verbands der Luft- und Raumfahrtindustrie.[14] Weil die angebliche Botin eine Unterschrift benötigte, ließ Zimmermanns Ehefrau sie ein. Doch zusammen mit ihr stürmte ein maskierter Mann in das Haus in Oberbayern. Die Eheleute wurden gefesselt, dann schleppten die Täter Ernst Zimmermann aus dem Flur ins Schlafzimmer, setzen ihn auf einen Stuhl und schossen ihm in den Kopf. Knapp vier Stunden später meldete sich ein Anrufer beim örtlichen Anzeigenblatt und erklärte: »Hier ist die RAF. Wir haben eine wichtige Mitteilung. Das Kommando Patrick O'Hara übernimmt die Verantwortung für den Anschlag auf den Chef von MTU, Ernst Zimmermann.« Dem fügte er die Formel aus dem gemeinsamen Papier von RAF und Action Directe hinzu: »Die westeuropäische Guerilla erschüttert das imperialistische System.«

Der Pimental-Mord

Weil von einer solchen Erschütterung keine Rede sein konnte, bereitete die RAF sofort das nächste Attentat vor. Diesmal sollte es wieder ein US-Ziel treffen, die große Air Base südlich des Frankfurter Flughafens.[15] Die Täter wollten die Fehler vermeiden, die ihrer Ansicht nach zum Scheitern des Anschlages auf die Nato-Schule in Oberammergau geführt hatten. Deshalb spähten sie einen VW Passat aus, der öfter auf die Air Base fuhr, fälschten seine Kennzeichen und kauften gebraucht einen ähnlichen Wagen. Da sie weder die Kennzeichen noch das Auto stahlen, konnte nach beidem nicht gefahndet werden. Nun brauchten sie nur noch einen passenden Ausweis – von einem US-Soldaten, der etwa so aussah wie der Fahrer, der die Autobombe auf den Stützpunkt bringen sollte. Wolfgang Grams und eine Frau suchten in den Kneipen rund um die Air Base nach möglichen Zielpersonen. Sie fanden Edward Pimental, einen Wartungstechniker für Flugabwehrgeräte, und stellten fest, wo er sich für gewöhnlich amüsierte. Am Abend des 7. August 1985 flirtete offensichtlich Birgit Hogefeld in der Wiesbadener Disco Western Saloon kräftig mit dem 20-Jährigen. Kurz vor Mitternacht verließen Pimental und Hogefeld das Lokal; Zeugen erinnerten sich, die Frau habe dem jungen Amerikaner Drogen, Sex oder beides versprochen. Doch die Fahrt in ein nahegelegenes Waldstück endete anders: Pimental starb durch einen aufgesetzten Schuss in den Hinterkopf; anscheinend war er zuvor niedergeschlagen worden.

Noch bevor seine Leiche am folgenden Morgen von Waldarbeitern entdeckt wurde, fuhr ein unbekannter junger Mann mit dem Ausweis des ermordeten Soldaten auf die Rhein-Main-Air-Base. Dabei benahm sich der Fahrer wie ein ganz normaler US-Soldat auf dem Weg zur Arbeit. Er stellte den Passat, in dessen Kofferraum eine Metallkiste mit 125 Kilogramm Sprengstoff, mehrere Gasflaschen und 25 Kilogramm Gleisschrauben lagen, auf dem Parkplatz ab. Es war Donnerstag, etwa 7:10 Uhr. Da die Vormittagsschicht in der Air Base um 7:30 Uhr begann, kamen um diese Zeit viele Soldaten und Zivilangestellte mit ihren Autos an. Der Fahrer verließ den Parkplatz unauffällig, nachdem er einen Wecker aufgezogen hatte. Um 7:19 Uhr explodierte die Ladung; sie tötete den US-Soldaten Frank Scarton und die Zivilangestellte Becky Bristol. Weitere 23 Menschen wurden durch die Splitter teilweise lebensgefährlich verletzt.

Umgehend bekannte sich die RAF zum Anschlag: »Die Strategen des imperialistischen Krieges in Washington, Brüssel, Bonn, Paris werden nicht länger vom gesicherten Einsatz ihrer Militärmaschine und der ruhigen Planbarkeit ihres Krieges ausgehen. Wir haben heute die Rhein-Main-Air-Base angegriffen.« Der Stützpunkt sei ein »Geheimdienstnest«. Im Bemühen, in der linken Szene Unterstützung zu gewinnen, hieß es im Bekennerschreiben weiter: »Die Air Base – für deren militärstrategischen Zweck der Bau der Startbahn West unverzichtbar war – steht aber auch für den langen, zähen Kampf einer Widerstandsbewegung.«[16] Unterzeichnet war die Mitteilung mit »RAF & Action Directe«.

In Wirklichkeit hatte die Startbahn West, die schon 1962 projektiert worden war, nichts mit den Anforderungen des US-Stützpunktes zu tun. Für die westdeutsche radikale Linke war dieses Ausbauvorhaben jedoch im Laufe der fast zwei Jahrzehnte langen Auseinandersetzungen vor zahlreichen

Gerichten und bei oft gewalttätigen Demonstration zu einem Symbol geworden.[17]

Unerwartet für die Terroristen entwickelte sich die Resonanz in der Sympathisantenszene. Der Bombenanschlag auf die Air Base selbst fand dort wenig bis keinen Widerspruch; anders verhielt es sich mit dem Mord an Pimental, der teilweise scharf kritisiert wurde. Der *taz*-Redakteur Mathias Bröckers bedauerte die »moralische Verworfenheit« und die »mangelnde Intelligenz« der Ausweisbeschaffung: »Wer so dumm ist, seinen ziellosen Jägern eine Spur zu liefern, braucht sich über ihren baldigen Erfolg nicht zu wundern.«[18]

Die dritte Generation der RAF reagierte am 25. August 1985 mit einem weiteren Bekennerschreiben: »Wir haben Edward Pimental erschossen, den Spezialisten für Flugabwehr, (…) weil wir seine ID-Card gebraucht haben, um auf die Air-Base zu fahren. Für uns sind die US-Soldaten in der BRD nicht Täter und Opfer zugleich, wir haben nicht diesen verklärten, sozialarbeiterischen Blick auf sie.«[19] Doch die Kritik vieler Sympathisanten hielt an, so dass die RAF im Januar 1986 eine Erklärung veröffentlichte: »Wir sagen heute, dass die Erschießung des GIs in der konkreten Situation im Sommer ein Fehler war, der die Wirkung des Angriffs gegen die Air Base (…) blockiert hat.«[20]

»Offensive 86«

In der ersten Jahreshälfte 1986 gab es keinen linksextremistisch motivierten Anschlag in der Bundesrepublik; Sicherheitsexperten warnten, das dürfte lediglich eine »Ruhe vor dem Sturm« sein.[21] Tatsächlich nutzten RAF und die »Kämpfenden Einheiten« die Zeit, um eine Serie von Attentaten vorzubereiten. Am Mittwoch, dem 9. Juli 1986, um 7:25 Uhr fuhr Eckhard Groppler seinen Chef Karl-Heinz Beckurts, Forschungsvorstand von Siemens, nahe seinem Wohnort Straßlach über eine Landstraße Richtung München, als eine gewaltige Explosion den BMW der beiden zerfetzte. Der 42-jährige Groppler war sofort tot, der 14 Jahre ältere Beckurts verblutete binnen Minuten. Rund 50 Kilogramm Sprengstoff waren in mehreren Gasflaschen auf einem Handwagen am Straßenrand deponiert gewesen.

Beckurts hatte wie Ernst Zimmermann auf einer Liste mit fast tausend Namen gestanden, die am 2. Juli 1984 bei der Festnahme von Helmut Pohl sichergestellt worden war – neben Papieren über viele andere potenzielle Terrorziele, darunter die Nato-Schule in Oberammergau und die Rhein-Main-Air-Base. Alle verzeichneten Personen hatte das BKA gewarnt, alle Institutionen zu verstärktem Schutz aufgefordert. Doch der Wagen mit zwei Personenschützern, der den BMW von Beckurts und Groppler begleitete, war nutzlos gegen die präzise gezündete schwere Bombe.

Vermutlich koordiniert mit dem Doppelmord von Straßlach detonierten am 24. und 25. Juli 1986 zwei Bomben vor dem Fraunhofer-Institut in Aachen und vor dem Flugzeugbauer Dornier in Friedrichshafen; gelegt worden waren sie von den »Kämpfenden Einheiten«. Die »Offensive 86« richtete sich gegen Hightech- und speziell die Kernindustrie; offenbar versuchte die RAF damit, unter radikalen Atomkraftgegnern neue Sympathisanten zu gewinnen. Darauf deutete das Bekennerschreiben hin: »Heute haben wir (…) den Vorstand für Forschung und Technik bei Siemens und Vorsitzenden des Arbeitskreis' Kernenergie im BDI, Karl-Heinz Beckurts, angegriffen. (…) Beckurts ist bei Siemens eine zentrale Figur: Er leitet die Forschung und technische Umsetzung in den für die Restrukturierung strategischen Bereichen.«[22]

Die Fortsetzung der Anschlagsserie sollte das Bonner Ministerium für wirtschaftliche Zusammenarbeit treffen. Doch als sich das RAF-Mitglied Eva Haule am 2. August 1986 in Rüsselsheim mit zwei Düsseldorfer Hausbesetzern und mutmaßlichen Mitgliedern der »Kämpfenden Einheiten« traf, fiel sie auf und wurde festgenommen.[23] Ihre Pistole konnte Haule nicht mehr ziehen; die Waffe stammte aus dem Überfall in Maxdorf 1984, der ersten schweren Straftat der dritten RAF-Generation.

Eine weitere Pistole aus dieser Beute kam am 10. Oktober 1986 in einem Vorort von Bonn zum Einsatz. Als der 51-jährige Diplomat Gerold von Braunmühl, im Auswärtigen Amt Leiter der wichtigen Politischen Abteilung II und ein enger Vertrauter von Außenminister Hans-Dietrich Genscher, an diesem Freitagabend aus dem Taxi stieg, feuerte eine vermummte Gestalt auf ihn.[24] Der schwerverletzte von Braunmühl versuchte noch, sich zu retten, doch ein zweiter Täter tötete ihn mit zwei Kopfschüssen. Eine der beiden Waffen war in Maxdorf geraubt, mit der anderen war 1977 bereits Arbeitgeberpräsident Hanns Martin Schleyer hingerichtet worden. An der Täterschaft der RAF gab es keine Zweifel.

Warum wurde von Braunmühl, ein öffentlich fast unbekannter Ministerialbeamter der zweiten Reihe, zum Opfer der Linksextremisten? Das Bekennerschreiben, das die Täter auf der Flucht zurückließen, dokumentierte völlige Unkenntnis der auswärtigen Politik der Bundesrepublik. Die RAF beschrieb Braunmühl als »Geheimdiplomaten«, der »die Politik der stärksten Mächte der imperialistischen Kette unter Führung der USA zu vereinheitlichen« suchte, »um als Gesamtsystem politisch handlungsfähig zu werden gegen die Widersprüche, die ihre gemeinsamen Interessen und die Herrschaft des Systems auf allen Ebenen bedrohen«.[25]

Perfektion und Dilettantismus

Fast zwei Jahre lang verübte die RAF nach dem Mord an Gerold von Braunmühl kein weiteres Attentat. Offenbar sammelten die Illegalen ihre Kräfte für eine neue Offensive. Tatsächlich folgten von September 1988 bis April 1991 fünf Anschläge gegen führende Persönlichkeiten der deutschen Wirtschaft, zwei Staatssekretäre und die US-Botschaft. Bei der Ausführung dieser Attentate wechselten Perfektion und Dilettantismus einander ab; das löste Spekulationen aus, es gäbe zwei verschiedene Gruppen, die unter dem Namen RAF agierten.

Am 20. September 1988 beschossen mindestens zwei Täter in Bad Godesberg den nicht gepanzerten Dienstwagen des Staatssekretärs im Bundesfinanzministerium, Hans Tietmeyer. Mehrere Schüsse aus einer Repetierflinte, die aus dem Überfall in Maxdorf stammte, trafen den Wagen.[26] Tietmeyers Fahrer konnte trotz eines zerschossenen Vorderreifens zum nächsten Polizeirevier rasen. Am Tatort wurde außer der Flinte noch ein volles Magazin für eine Maschinenpistole gefunden.

Die Täter hatten das Bekennerschreiben wie beim Mord an von Braunmühl bereits bei sich; nach dem Misslingen des Anschlages setzten sie unter die kruden Darlegungen, warum Tietmeyer »einer der Hauptakteure im internationalen Krisenmanagement« sei, der »die ökonomische Krise des imperialistischen Systems beherrschbar machen und den Zusammenbruch des Wirtschafts- und Finanzsystems verhindern« solle, ein Postskriptum: »Wir haben das Ziel des Angriffs, Tietmeyer zu erschießen, nicht erreicht, weil die Maschinenpistole, mit der zuerst gezielt der Fahrer ausgeschaltet werden sollte, um den Wagen zum Stehen zu bringen, sich verklemmt hat. In diesem Moment waren zwei vom Kommando schon aus ihrer Deckung raus und mussten deshalb versuchen, den Wagen doch noch mit nur einer ›Pump‹ zu stoppen – was aber gescheitert ist.«[27] Geplant war also ein Doppelmord: an Tietmeyer und an seinem Fahrer.

Als technisch perfekt dagegen erwies sich der Anschlag auf Alfred Herrhausen, den Vorstandssprecher der Deutschen Bank, am 30. November 1989.[28] Die Wucht der Bombe aus etwa sieben Kilogramm TNT wurde durch eine Kupferplatte gerichtet und zerfetzte die rechte Fondstür des massiv gepanzerten Mercedes; die Zündung erfolgte mittels einer selbst gebauten Lichtschrankenanlage. »Das hätte auch einen Panzer umgeworfen«, urteilte ein hoher Verfassungsschützer nur leicht übertrieben.[29] Da es besseren Schutz als diesen »sondergeschützten« Mercedes mit zwei Begleitfahrzeugen schlicht nicht gab, war klar, dass sogar die höchsten Repräsentanten des Staates einem Anschlag zum Opfer fallen könnten. Wolfgang Steinke, Abteilungsleiter im BKA, sah in dem Attentat eine Warnung; die Terroristen wollten beweisen: »Wir können, wenn wir wollen, uns ausnahmslos jeden herausgreifen und erledigen.«

Mit ähnlicher Präzision folgte am 27. Juli 1990 ein Anschlag auf Hans Neusel, der Staatssekretär im Bundesinnenministerium war.[30] Die Bombe detonierte um 7:37 Uhr und riss einen eineinhalb Meter breiten, 50 Zentimeter tiefen Krater in die Erde am Rande der Autobahnabfahrt Bonn-Auerberg. Die rechte Vorderseite von Neusels BMW wurde von der Sprengwirkung voll getroffen, auf seinem Stammplatz hätte er kaum überlebt. Doch der 62-Jährige hatte dreifach Glück: Erstens fuhr er an diesem Freitagmorgen ausnahmsweise selbst, denn sein Chauffeur war im Urlaub. Zweitens hatten die Attentäter nicht bedacht, dass die angewinkelte Leitplanke, an der sie ihren Sprengsatz befestigt hatten, einen Teil der Wirkung nach unten ablenken würde.

Drittens fuhr Neusel des schönen Wetters wegen mit offenem Schiebedach – ein Teil der Explosionsenergie verpuffte. Er wurde nur leicht verletzt und suchte schon wenig später mit Innenminister Wolfgang Schäuble den Tatort auf. Bei einer Pressekonferenz appellierte er an die Täter: »Lasst ab von eurem kriminellen und verderblichen Vorhaben.«

Im Bekennerschreiben zwei Tage später nannte die RAF Neusel einen »Aufstandsbekämpfungs-Experten« und bedauerte: »Wir haben das militärische Ziel der Aktion verfehlt – die Explosion sollte seinen sicheren Tod, aber auch den hundertprozentigen Schutz Unbeteiligter gewährleisten. In dieser Spanne haben wir die Sprengstoffmenge zu niedrig berechnet.« Über das krude Motiv ließen die Attentäter keine Unklarheit: »Wir wollten Neusel für seine Verbrechen zur Verantwortung ziehen. Er organisiert und führt den Krieg gegen alle, die für Befreiung, Selbstbestimmung und ein menschenwürdiges Leben und gegen die Zerstörung, die von diesem System ausgeht, kämpfen.«[31]

Völlig dilettantisch war dagegen das nächste Attentat, dessen Ziel am 13. Februar 1991 gegen 19 Uhr die US-Botschaft in Bonn wurde.[32] Mit drei Sturmgewehren, einer Kalaschnikow und zwei Nato-Waffen, feuerten am frühen Mittwochabend drei Täter von der Uferpromenade in Königswinter aus rund 300 Meter weit über den Rhein hinweg auf das Gebäude; 62 Kugeln trafen die Botschaft, einige Fensterscheiben gingen zu Bruch. Etwa 190 weitere Schüsse richteten an benachbarten Privathäusern Sachschäden an. Überrascht wurden einige linke Aktivisten, die vor der US-Botschaft eine Mahnwache gegen den gleichzeitig laufenden UN-Einsatz der USA und anderer Staaten gegen Saddam Husseins Irak hielten. Nach dem kurzen Feuerüberfall beobachteten Zeugen zwei bis drei Personen, die mit einem dunkelblauen VW flohen, den eine weitere Person steuerte. Das gestohlene

Fahrzeug wurde zwei Wochen später in Hessen gefunden; Fingerabdrücke fanden sich nicht, sondern nur ein ausgefallenes Haar, das mit der Kriminaltechnik des Jahres 1991 nicht ausgewertet werden konnte.

Diese Attacke fiel als rein symbolische Tat aus dem Muster sonstiger RAF-Anschläge heraus. Die Urheberschaft stand außer Frage: Schon am Tatort hatten die Täter Zettel mit Parolen wie »Krieg dem imperialistischen Krieg« oder »USA-Nato raus aus dem Nahen Osten« sowie dem RAF-Stern zurückgelassen. Das eigentliche Bekennerschreiben folgte drei Tage später mit der Post: »Solidarität mit den Völkern im Nahen Osten gegen die imperialistische Vernichtung und Unterwerfung! Sofortiger Stopp mit dem Völkermord am irakischen Volk!« An die Teilnehmer der Mahnwache richtete sich ein Postskriptum: »Wahrscheinlich habt Ihr einen ziemlich großen Schreck gekriegt. Wir haben unsere Munition mit Leuchtspur-Munition gemischt, damit Ihr gleich seht, wo genau sich die Schießerei abspielt, und niemand von Euch vor Schreck in die falsche Richtung läuft. Falls Ihr hinterher die ganze Wut der Bullen und Yankees dort abgekriegt habt, was wir uns gut vorstellen können, dann tut uns das leid.«[33]

Genau das Gegenteil eines solch wilden Geballers folgte am späten Abend des 1. April 1991.[34] Über eine Distanz von rund 60 Metern aus einem Schrebergartengelände in den Rheinauen von Oberkassel gegenüber der Düsseldorfer Innenstadt durchschlugen drei Kugeln ein Fenster im ersten Stock einer Villa. Sie verletzten Detlev Karsten Rohwedder, SPD-Mitglied, Industriemanager und Präsident der Treuhandanstalt in Ost-Berlin, tödlich und seine Frau leicht; das dritte Geschoss blieb in einem Bücherregal stecken. Drei Schüsse, zwei Treffer, und das bei leichtem Nieselregen an diesem Ostermontagabend: Der Schütze war kein Anfänger.

Bei der Tatwaffe handelte es sich um eines jener Gewehre, mit denen auf die US-Botschaft geschossen worden war. Wieder lag ein erstes, 13 Zeilen kurzes Bekennerschreiben mit dem RAF-Symbol am Tatort: »Gegen den Sprung der imperialistischen Bestie im Aufbruch revolutionärer Gegenmacht.« Drei Tage später folgte ein ebenso ausführliches wie verworrenes weiteres Schreiben, in dem es hieß: »Rohwedder saß seit 20 Jahren in Schlüsselpositionen in Politik und Wirtschaft. Als Bonner Wirtschaftsstaatssekretär organisierte er in den 1970er-Jahren die Rahmenbedingungen, die das BRD-Kapital für seine Profite in aller Welt braucht.« Später sei er als »brutaler Sanierer« tätig gewesen und solle nun »die Wirtschaft der Ex-DDR genauso wie die sozialen Strukturen dort vom Gesundheitssektor bis zu den Kinderkrippen systematisch« zerstören.[35] Außer einem ausgefallenen Haar konnte das BKA keine Spuren sichern.

Teure Deeskalation

Einen geschickten Schachzug machte Bundesjustizminister Klaus Kinkel (FDP) am 6. Januar 1992.[36] Terroristen sollten genauso behandelt werden wie andere Kriminelle, sagte er. Bei verurteilten RAF-Mitgliedern könne also die Strafe auf Bewährung ausgesetzt werden, wenn der Gefangene zwei Drittel seiner Haftzeit abgesessen hatte, oder – bei lebenslangen Strafen – nach 15 bis 20 Jahren, sofern von den Tätern keine Gefahr mehr ausginge. Geschickt war das, weil Kinkel damit zwar nur die bestehende Rechtslage wiedergab, seinen Hinweis aber zum vermeintlichen Entgegenkommen aufwertete: »Der Staat muss dort, wo es angebracht ist, zur Versöhnung bereit sein.« Tatsächlich standen für die folgenden Jahre acht Entlassungen von RAF-Mitgliedern an; dazu zählten Irmgard Möller aus der ersten Generation, der durch die Verletzung bei seiner Festnahme gesundheitlich schwer angeschlagene Günter Sonnenberg und mehrere Angehörige des Stockholm-Kommandos von 1975. Kinkel wollte diese ohnehin kommenden Entlassungen nutzen, um die RAF zum Ende ihrer Attacken zu bewegen.

Die Terroristen durchschauten das Kalkül nicht und gingen zum Teil darauf ein. Zwar hieß es in einem Schreiben mit dem RAF-Symbol am 10. April 1992, sie wollten »die Eskalation« zurücknehmen und »Angriffe auf führende Repräsentanten aus Wirtschaft und Staat für den jetzt notwendigen Prozess einstellen«. Aber die Terroristen schränkten dieses Zugeständnis gleich wieder ein. Wenn der Staat »weiter auf Krieg gegen unten« setze, dann sei für sie »die Phase des Zurücknehmens der Eskalation vorbei«.[37] Im Rückblick nannten anonyme Autoren aus dem Terrorumfeld die Kinkel-Initiative eine »Niederlage von revolutionärem Widerstand, RAF und politischen Gefangenen«.[38]

Vier Monate später brachte das linke Magazin *Konkret* einen Sonderdruck mit der bis dahin ersten programmatischen Äußerung der dritten RAF-Generation: »Uns ist in den letzten Wochen immer klarer geworden, dass wir viel konkreter über alles reden müssen, was wir in den letzten Jahren überlegt haben, damit alle unseren Schritt verstehen können.« Sie glaubten immer noch, nicht nur »Hunderttausende auf der Straße« hinter sich zu haben, sondern zugleich »die Widersprüche von Millionen«, und fühlten sich weiter als heimlich bewunderte Avantgarde: »Unsere Aktionen gegen verantwortliche Militärs, Wirtschaftsführer oder Verantwortliche aus dem politischen Apparat waren für viele Menschen nachvollziehbar und moralisch legitim.« Gleichzeitig schien ihnen zu dämmern, dass sie praktisch allein da standen. Der Mord an Rohwedder sei die »vorläufig letzte Aktion« – und gerade an ihr »ist uns deutlich geworden, dass wir den Prozess, der hier notwendig ist, heute mit Aktionen nicht voranbringen können«.[39]

Die Einsicht hielt ein gutes halbes Jahr; ohnehin hatte die RAF nur Anschläge gegen »führende Repräsentanten aus Wirtschaft und Staat« ausgesetzt. In der Nacht vom 26. zum 27. März 1993 drangen mindestens fünf RAF-Mitglieder in den noch leerstehenden Gefängnis-Neubau in Weiterstadt in Südhessen ein.[40] Sie setzten die elf Bewacher fest und verminten dann mit etwa 200 Kilogramm kommerziellem Sprengstoff viele statisch neuralgische Punkte im ganzen Gebäude. Dann brachten sie die gefesselten Wachen weg, stellten vor dem Tor ein Schild mit der Aufschrift »Knastsprengung in Kürze – Lebensgefahr. Sofort wegrennen!« auf und verschwanden. Um 5:12 Uhr am Samstagmorgen explodierten die Bomben und zerstörten den Verwaltungstrakt und den Zellenbau des modernsten Gefängnisses Deutschlands. Der Sachschaden wurde zwischen 80 und 120 Millionen Mark geschätzt. Immerhin hatte die RAF bei diesem Anschlag niemanden ermordet. Angesichts des Sachschadens war die Kinkel-Initiative allerdings die teuerste Deeskalation der jüngeren deutschen Geschichte.

Desaster in Bad Kleinen

Gerade einmal zehn Sekunden. Länger dauerte die Schießerei auf dem Bahnhof Bad Kleinen am Schweriner See nicht. Trotzdem ging der Name der mecklenburgischen Kleinstadt ins kollektive Gedächtnis der Bundesrepublik ein: als Synonym für vermeintliche Polizeigewalt und einen angeblich vertuschten Mord.

Am Sonntag, dem 27. Juni 1993 wollten Bundesanwaltschaft und BKA zwei führende Mitglieder der RAF festnehmen lassen, Birgit Hogefeld und Wolfgang Grams; ein V-Mann hatte die Behörden auf ihre Spur geführt. Da die beiden als hochgefährlich galten, war die Eliteeinheit GSG 9 mit dem Zugriff beauftragt worden. Doch der Einsatz ging schief – im Verbindungstunnel unter den Gleisen führten Missverständnisse der Beamten dazu, dass Grams die Treppe hinauf zu den Gleisen 3 und 4 flüchten konnte. Er schoss auf Polizisten, die ihn verfolgten, und verwundete zwei von ihnen schwer; einer, Michael Newrzella, erlag seinen Verletzungen. Dann stürzte Grams auf das Bahngleis. Dabei fiel ein letzter Schuss: Der verletzte Terrorist feuerte sich selbst in den Kopf.

Der seit Monaten vorbereitete Zugriff hatte sich zum schweren Fehlschlag entwickelt, doch jetzt wurde er zur Katastrophe – und zwar durch Medien, vor allem durch das WDR-Magazin *Monitor* und durch den *Spiegel.* Vier Tage nach dem misslungenen Zugriff verbreitete *Monitor* nämlich einen »fürchterlichen Verdacht«: Könnte Grams »am Tatort regelrecht hingerichtet« worden sein – von einem GSG-9-Mann? Das ergebe sich aus der »eidesstattlichen Erklärung« einer Augenzeugin.[41] *Der Spiegel* legte nach und zitierte ein angebliches Mitglied des Einsatzteams: »Die Tötung des Herrn Grams gleicht einer Exekution.«[42] Kaum waren diese Behauptungen veröffentlicht, trat der Bundesinnenminister zurück; wenig später wurde der Generalbundesanwalt gefeuert. Bad Kleinen nehme die »Dimensionen einer Staatsaffäre an«, kommentierte die *WELT*.[43]

Nichts von den Vorwürfen stimmte. Die *Monitor*-Augenzeugin bestritt energisch, die ihr unterstellte Äußerung gemacht zu haben, und der nie namentlich bekannt gewordene *Spiegel*-Gewährsmann war kein Augenzeuge, falls es ihn denn überhaupt gegeben haben sollte. Seine Aussagen entsprachen dem Informationsstand, der zwei Tage nach dem Zugriff in den Medien verfügbar war – einschließlich mehrerer grundsätzlicher Irrtümer, die einem Mitglied des Einsatzteams nie unterlaufen wären.[44]

Zwei Staatsanwaltschaften und vier Gerichte bis hinauf zum Bundesverfassungsgericht und dem Europäischen Gerichtshof für Menschenrechte überprüften unabhängig voneinander den Vorwurf, Grams könnte von einem Polizisten ermordet worden sein – und alle kamen mit Hilfe von mehr als einem Dutzend verschiedener Gutachten zum immer gleichen Ergebnis: Es gab nicht das geringste Indiz dafür. Schließlich räumte der Journalist Hans Leyendecker, verantwortlich für den *Spiegel*-Bericht, seinen Fehler ein und fügte kleinlaut hinzu: »Eigentlich hätte man mich damals feuern müssen.«[45]

Das Ende

Die Behörden befürchteten, dass die RAF nach dem Desaster von Bad Kleinen die Deeskalation beenden und wieder Anschläge auf Menschen verüben könnte. Als Reaktion auf die Unterstellungen von *Monitor* und *Spiegel* teilten die verbliebenen Illegalen der RAF am 6. Juli 1993 mit, die »Terroraktion« der Bundesanwaltschaft habe sie »tief getroffen«. In grotesker Verdrehung der Realität behaupteten sie: »Der Kapitalismus geht immer über Leichen.«[46] Doch zu neuen »Aktionen« kam es nicht. Offenbar waren Grams und Hogefeld die treibenden Kräfte der dritten Generation gewesen; die verbliebenen Illegalen waren nicht in der Lage, den »bewaffneten Kampf« wieder aufzunehmen.

Dafür kam es nun zwischen den inhaftierten RAF-Mitgliedern zum offenen Bruch. Eine Gruppe um den Stockholm-Attentäter Karl-Heinz Dellwo hatte schon vor Weiterstadt dem »bewaffneten Kampf« öffentlich abgeschworen.[47] Ende Oktober 1993 reagierte Brigitte Mohnhaupt im Namen von zehn anderen RAF-Gefangenen und verkündete den »Bruch« sowohl mit den inhaftierten Abweichlern um Dellwo wie mit den noch untergetauchten Illegalen.[48] Letztere wiederum reagierten empört auf die »Spaltungserklärung« Mohnhaupts: »Hinter Eurer Erklärung steckt miese Taktik – sonst wäre es unmöglich gewesen, dass Ihr heute eine solche Initiative von Gefangenen als Deal mit dem Staat denunziert, obwohl doch einige von Euch eine ganz ähnliche Initiative überlegt hatten.«[49]

Dennoch dauerte es noch viereinhalb Jahre, bis die verbliebenen Illegalen der dritten Generation die Auflösung der RAF bekannt gaben: »Vor fast 28 Jahren, am 14. Mai 1970, entstand in einer Befreiungsaktion die RAF. Heute beenden wir dieses Projekt. Die Stadtguerilla in Form der RAF ist nun Geschichte. Wir, das sind alle, die bis zuletzt in der RAF organisiert gewesen sind. Wir tragen diesen Schritt gemeinsam.« Den grundsätzlichen Irrtum des »bewaffneten Kampfes« sahen die Autoren noch immer nicht ein: »Die RAF war der revolutionäre Versuch einer Minderheit, entgegen der Tendenz dieser Gesellschaft, zur Umwälzung der kapitalistischen Verhältnisse beizutragen. Wir sind froh, Teil dieses Versuchs gewesen zu sein.«[50]

Nachwirkungen

Relativ lebenslänglich

Der Rechtsstaat hielt sich, ganz im Gegenteil zur Propaganda der RAF, selbst im Umgang mit seinen erklärten Feinden an die eigenen Prinzipien; die wenigen Ausnahmen wie die rechtswidrigen Abhöraktionen in Stammheim Mitte der 1970er-Jahre und die erst nachträglich gesetzlich erlaubte Kontaktsperre während der Schleyer-Entführung bestätigten diese Regel. Die Haftbedingungen der selbsternannten »politischen Gefangenen«, die wegen nachgewiesener krimineller Vergehen verurteilt worden waren, entsprachen durchgängig jenen sonstiger Straftäter, wenn sie nicht sogar – wie etwa in Stammheim von Frühjahr 1974 bis Anfang September 1977 – deutlich besser waren.

Auch was die Dauer der Haft anging, erwies sich die Justiz als erstaunlich milde. Die Höchststrafe »lebenslänglich« wurde rechtskräftig gegen 26 RAF-Mitglieder verhängt. In der Praxis zogen diese Urteile Haftzeiten zwischen zwölf und 26 Jahren nach sich. Schon 1988 waren die ersten beiden zu »lebenslänglich« verurteilten RAF-Mitglieder vorzeitig freigelassen worden – nach jeweils gut 16 Jahren hinter Gittern. Mit Rücksicht auf ihre Gesundheit wurden mehrere Verurteilte vorzeitig entlassen; Günter Sonnenberg zum Beispiel nach 15 Jahren und Helmut Pohl nach knapp 14 Jahren. Durchschnittlich verbüßten die zur Höchststrafe verurteilten RAF-Mitglieder ziemlich genau 19 Jahre, davon die letzten Jahre teilweise im offenen Vollzug; das entsprach fast exakt dem statistischen Mittelwert aller Lebenslänglichen, der bei 18,9 Jahren Haftdauer liegt.[1]

Von allen Terroristen am längsten saß Brigitte Mohnhaupt im Gefängnis: insgesamt etwa 29 Jahre, von Juni 1972 bis Februar 1977 wegen unerlaubten Waffenbesitzes und Unterstützung einer kriminellen Vereinigung sowie von November 1982 bis März 2007 wegen neunfachen Mordes. Das war keine außergewöhnlich lange Haftzeit; der vierfache Mörder Heinrich Pomerenke verbrachte bis zu seinem Tode 49 Jahre und sechs Monate im Gefängnis, und der fünffache »Mittagsmörder« Klaus Gosmann saß bis zu seiner Entlassung auf Bewährung im Februar 2015 sogar einen Monat länger hinter Gittern. Der Doppelmörder Hans-Georg Neumann ist wegen einer besonders negativen Sozialprognose nach mehr als 57 Jahren weiter in Haft.[2]

Die RAF-Gefangenen kamen wie die meisten anderen zu lebenslänglich verurteilten Straftäter in den Genuss einer Grundsatzentscheidung des Bundesverfassungsgerichts, das am 21. Juni 1977 festgestellt hatte: »Zu den Voraussetzungen eines menschenwürdigen Strafvollzugs gehört, dass dem zu lebenslanger Freiheitsstrafe Verurteilten grundsätzlich eine Chance verbleibt, je wieder der Freiheit teilhaftig zu werden. Die Möglichkeit der Begnadigung allein ist nicht ausreichend; vielmehr gebietet das Rechtsstaatsprinzip, die Voraussetzungen, unter denen die Vollstreckung einer lebenslangen Freiheitsstrafe ausgesetzt werden kann, und das dabei anzuwendende Verfahren gesetzlich zu regeln.«[3]

Besonders milde urteilten deutsche Gerichte über die 1980 in der DDR abgetauchten RAF-Mitglieder. Sie wendeten in fünf Fällen die Kronzeugenregelung an, die geschaffen worden war, um die Verfolgung terroristischer Vereinigungen zu erleichtern.[4] Susanne Albrecht, die den Mord an Jürgen Ponto erst ermöglicht hatte, erhielt 1991 wegen ihrer Aussagen eine Freiheitsstrafe von nur zwölf Jahren, von denen sie ein Viertel hinter Gittern und ein weiteres knappes Viertel im offenen Vollzug verbrachte, bevor sie 1996 Bewährung erhielt.

Als letztes RAF-Mitglied kam 2011 nach 18 Jahren hinter Gittern Birgit Hogefeld frei, nachdem zuvor ein Gnadengesuch abgelehnt worden war; die letzten Monate hatte sie schon im offenen Vollzug verbracht. Neben Eva Haule, die 1986 bis 2007 inhaftiert war, war sie das einzige Mitglied der dritten RAF-Generation, das verurteilt wurde. Mehrere weitere Personen, nach denen in den 1980er-Jahren steckbrieflich gefahndet worden war, konnten nicht mit hinreichender Gewissheit mit Morden oder versuchten Morden in Verbindung gebracht werden und wurden daher, nachdem sie sich freiwillig gestellt hatten, wieder auf freien Fuß gesetzt.[5]

Gegen kein einziges RAF-Mitglied wurde Sicherungsverwahrung nach dem Ende der Haftstrafe angeordnet. Dieses Instrument, das dem Schutz der Allgemeinheit vor weiteren Straftaten durch Wiederholungstäter dient, stand der Justiz beim Linksterrorismus nicht zur Verfügung, weil die Voraussetzung mindestens zwei bereits rechtskräftige Verurteilungen und zu erwartende weitere Straftaten waren. Bei regulär aus der Haft entlassenen RAF-Mitgliedern, die umgehend wieder untertauchten wie Brigitte Mohnhaupt und Helmut Pohl, hatte es sich jeweils um die erste oder höchstens zweite Verurteilung gehandelt; erst nach einer dritten Verurteilung hätte Sicherungsverwahrung angeordnet werden können.

Verschwörungstheorien

Obwohl die dritte Generation noch im Untergrund aktiv war, verbreiteten im Sommer 1992 drei Journalisten eine spektakuläre Verschwörungstheorie: Zuerst in einem Film für die ARD und wenig später in einem Buch mit dem Titel »Das RAF-Phantom« behaupteten sie, dass es nie eine dritte Generation gegeben habe.[6] Vielmehr sei der linksradikale Terror mit der Verhaftung Christian Klars Ende November 1982 zu Ende gegangen. Die Attentate seither seien von westlichen Geheimdiensten inszeniert worden, um Argumente für den Ausbau des Fahndungsapparates in die Hände zu bekommen und missliebige Personen in Politik und Wirtschaft unauffällig beseitigen zu können. Belege dafür gab es nicht, was für die Autoren der Beweis einer umfassenden Verschwörung war.

Die Theorie zog weite Kreise: Im Jahr 2000 brachte ein Privatsender den Thriller »Das Phantom« ins deutsche Fernsehen. Die Rezensenten lobten die handwerkliche Qualität des Films, verwarfen zugleich die »kongenial abstruse« Handlung des »ebenso glatten wie belanglosen Reißers« nahezu einhellig.[7] »Das Phantom« wurde mit Preisen überhäuft. Hauptdarsteller Jürgen Vogel meinte: »Es ist gut, den Film und sein Unterhaltungspotenzial zu nutzen und zu sagen, es könnte so gewesen sein.«[8]

Ganz anders urteilte Birgit Hogefeld in einem Interview mit dem *Spiegel* über die Verschwörungstheorie: »In den linksradikalen Zusammenhängen, die ich kenne, hatte dieser Unsinn nie eine Bedeutung.« Im »RAF-Umfeld« habe niemand die Behauptung über das angebliche »RAF-Phantom« geglaubt: »Aber natürlich hing die Tatsache, dass das überhaupt jemand ernst nahm, damit zusammen, dass die RAF in den 1980er-Jahren von der legalen Linken sehr isoliert war.«[9]

Bestätigt wurde Hogefelds nicht justiziables Bekenntnis zu den Attentaten der dritten Generation im Mai 2001: Ausgefallene Haare, die an den Tatorten des Feuerüberfalls auf die US-Botschaft in Bonn im Februar und des Mordes an Detlef Carsten Rohwedder Anfang April 1991 gesichert worden waren, konnten mit neuen Methoden dem untergetauchten RAF-Mitglied Daniela Klette sowie Wolfgang Grams zugeordnet werden.[10] Ob sie selbst geschossen hatten, zeigten die neuen Beweise nicht. Jahre später konnten die Ermittler dann noch drei DNA-Spuren auswerten, die beim Anschlag auf das Gefängnis Weiterstadt gesichert worden waren: Zu den Tätern gehörten demnach fraglos Klette, außerdem die beiden schon länger der dritten Generation zugeordneten Illegalen Ernst-Volker Staub und Burkhard Garweg.[11]

Verharmlosungen

Ziemlich geschmacklos war ein Trend, der um die Jahrtausendwende in Berlin und Hamburg aufkam: In hippen Boutiquen verkauften sich auf einmal T-Shirts mit Aufdrucken wie »Prada-Meinhof« oder dem modifizierten RAF-Symbol aus rotem Stern und Maschinenpistole hervorragend. Die Londoner *Financial Times* meinte: »Die Baader-Meinhof-Gang ist in Deutschland Kult geworden.«[12] Besonders zeitgeistige Magazine gaben Fotostrecken in Auftrag, die sich an realen Motiven aus der Geschichte der RAF orientierten und mit nachgestellten Bildern der Schleyer-Entführung und des toten Andreas Baader vermeintlich Schuhe bewarben. Nach zwei Jahren aber hatte dieser Trend sich schon wieder überlebt.

Im Sommer 2003 verbreitete sich die Nachricht, dass

die Berliner Galerie Kunst-Werke eine Ausstellung zum Thema RAF vorbereitete. Zu den Kuratoren zählte unter anderem Gudrun Ensslins Sohn Felix. Die Ausstellung sollte über hundert Werke von mehr als 50 Künstlern umfassen, darunter Exponate von Gerhard Richter, Joseph Beuys und Sigmar Polke. Die Galerie beantragte staatliche Fördermittel; im dazu eingereichten Konzept hieß es: »Welche Ideen, Ideale haben ihren Wert durch die Zeit behalten und können nicht als naiv abgetan werden?« Daraufhin erhob sich ein Sturm der Entrüstung gleichermaßen von Hinterbliebenen der RAF-Opfer wie von Politikern. Auch die meisten Medien zeigten sich empört, offenbarte die Formulierung doch, dass die Kuratoren der Ausstellung meinten, die RAF habe überhaupt »Ideale« gehabt. Auf die Kritik hin räumten die Verantwortlichen ein, das Konzept habe »sehr strittige Positionen« enthalten, verschoben ihre Ausstellung und finanzierten sie weitgehend privat. Im Januar 2005 eröffnete die überarbeitete Schau unter dem Titel »Zur Vorstellung des Terrors. Die RAF«; die Exponate waren ergänzt durch eine Wand mit Zeitungs- und Magazinseiten, die 29 Ereignisse der Jahre 1967 bis 1998 dokumentierten, vor allem RAF-Anschläge. Die Wirkung blieb zwiespältig: »Die Kunst verleiht der RAF eine Ästhetik, die sie niemals hatte«, notierte der RAF-Experte Butz Peters, und die *Zeit* kritisierte: »In ihrer Hassliebe für die Motive der RAF stehen für viele Künstler die Täter ganz im Mittelpunkt.«[13] Zu einer kritischen Auseinandersetzung mit dem Terror waren sehr viele linke Intellektuelle weiter nicht in der Lage.

Das zeigte sich etwa im Spielfilm. Produktionen wie die Bonnie-und-Clyde-Schmonzette »Baader« von Christopher Roth setzten jene Verharmlosung der RAF fort, die mit dem Episoden-Film »Ein deutscher Herbst« 1977 begonnen hatte und über Rainer Werner Fassbinders Komödie »Die dritte

Generation« und Margarethe von Trothas »Die bleierne Zeit« bis hin zu Reinhard Hauffs »Stammheim« zunahm. Allen Ernstes befand Hauff im Rückblick auf seinen 1986 veröffentlichten Film: »Es hätte niemand so intelligente Dialoge schreiben können wie die, die die Angeklagten zum größten Teil spontan formuliert und ausgesprochen haben.«[14] Angesichts der tatsächlichen, meist beleidigenden und nie brillanten Attacken von Baader, Ensslin und Meinhof auf das Gericht war das eine erstaunliche Ansicht.

Erst zum 20. Jahrestag der Schleyer-Entführung 1997 gelang es dem TV-Produzenten Heinrich Breloer in seinem Zweiteiler »Todesspiel«, diesen falschen Tonfall zu vermeiden. 2008 brachte Bernd Eichinger dann Stefan Austs Bestseller »Der Baader-Meinhof-Komplex« als in vielerlei Hinsicht überzeugenden Spielfilm in die Kinos; im gleichen Jahr strahlte die ARD eine insgesamt ebenfalls gelungene Produktion über die Entführung der Lufthansa-Boeing »Landshut« aus.

Der zweite Becker-Prozess

Fast im Alleingang erzwang Michael Buback, der Sohn des ermordeten Generalbundesanwaltes, ab 2007 einen neuen Strafprozess gegen Verena Becker. Sie war als führendes Mitglied der zweiten RAF-Generation nach ihrer Festnahme Anfang Mai 1977 aus prozessökonomischen Gründen nur wegen zweifachen versuchten Polizistenmordes angeklagt und verurteilt worden; nach einer relativ kurzen Haft von zwölfeinhalb Jahren kam sie auf Bewährung frei. Daher war eine Mordanklage wegen der Schüsse auf Siegfried Buback und seine beiden Begleiter rechtlich noch möglich. Michael Buback verbreitete die Behauptung, eine Frau, möglicherweise Becker, habe geschossen. Er suchte nach einem »widerspruchsfreien Verständnis« der verstreuten Spuren und unterstellte, die Behörden hätten mit Becker Absprachen getroffen.[15]

Die Ermittlungen und das enorm aufwendige Verfahren wurden zum justiziellen Desaster, wie das erfahrene Staatsanwälte unter der Hand vorausgesagt hatten.[16] Denn die Beweislage war äußerst dünn – so dünn, dass der Bundesgerichtshof sogar den Haftbefehl gegen die Angeklagte aufhob; fortan reiste sie jeweils aus Berlin zum letzten RAF-Prozess in Stuttgart-Stammheim an. Die Bundesanwälte mussten hoffen, dass entweder Verena Becker selbst oder ihre Gesinnungsgenossen aussagen würden. Doch das war äußerst unwahrscheinlich.

Tatsächlich marschierten reihenweise Ex-Terroristen als Zeugen auf und machten doch nur klar, dass sie ihren aktiven Kampf gegen den Rechtsstaat beendet hatten, ohne zu einer Einsicht fähig zu sein. Mit sehr großer Wahrscheinlichkeit waren alle drei Mitglieder des Mordkommandos, der Schütze sowie die Fahrer des Tatmotorrades und des Fluchtwagens, unter den Zeugen. Dennoch gab es keine sachdienliche Aussage. Alle kosteten stattdessen sichtlich den Triumph aus, dass der Rechtsstaat sie weder in Beugehaft nehmen noch anders sanktionieren durfte.

Das Urteil lautete auf vier Jahre Haft für Verena Becker, die dennoch nicht einen einzigen weiteren Tag ins Gefängnis musste, weil das Gericht zweieinhalb Jahre als durch ihre frühere Haftstrafe abgegolten anerkannte und den Rest zur Bewährung aussetzte. Das sollte wohl salomonisch sein, also für einen Ausgleich sorgen und damit Rechtsfrieden stiften. Becker habe »im Beisein der späteren Täter mitbestimmt und die Täter dadurch in ihrem Tatentschluss bestärkt«, so die Begründung der Richter. Das fußte allein auf der Aussage Peter-Jürgen Boocks. Trotz 164 weiterer Zeugen und acht Sachverständiger konnte der Angeklagten keine weitere Straftat nachgewiesen werden.

Amoklauf gegen den Rechtsstaat

Nach 42 Jahren endete mit dem Urteil im zweiten Becker-Prozess die Attacke, die linksradikale Desperados als selbsternannte Avantgarde im Namen der angeblich unterdrückten Massen gegen Staat und Gesellschaft geritten hatten. Das Oberlandesgericht Stuttgart konnte nicht feststellen, wer am 7. April 1977 den Dreifachmord von Karlsruhe begangen hatte. Damit bleibt der Anschlag auf Buback, Goebel und Wurster im kriminalistischen Sinne ungelöst, ebenso wie die meisten anderen Attentate der RAF.

Weitgehend aufgeklärt wurden nur zwei tödliche Aktionen: Brigitte Mohnhaupt und Christian Klar begingen den Mord an Jürgen Ponto, dem Dresdner-Bank-Chef; eine der beiden Pistolen wurde später in einem RAF-Depot sichergestellt. Stefan Wisniewski, Peter-Jürgen Boock, Willy-Peter Stoll und Sieglinde Hofmann metzelten am 5. September 1977 vier Menschen nieder und entführten Hanns Martin Schleyer; die vier Tatwaffen wurden ihnen mit hoher Wahrscheinlichkeit zugeordnet.

Dagegen konnten die meisten Straftaten schon der ersten RAF-Generation 1970 bis 1972 ebenso wenig konkret einzelnen Tätern zugewiesen werden wie Schleyers Hinrichtung 1977. Völlig unklar ist bis heute zudem, wer die Anschläge auf den Deutsche-Bank-Chef Alfred Herrhausen, den Siemens-Vorstand Karl-Heinz Beckurts oder den MTU-Vorsitzenden Ernst Zimmermann verübte; ebenso wenig weiß man etwas über die inneren Verhältnisse der dritten RAF-

Generation und über ihre Mitglieder. Grams, Haule und Hogefeld gehörten dazu, außerdem Klette, Staub und Garweg. Es gibt weitere DNA-Spuren und rund zehn Personen, die das BKA im Verdacht hat, doch die Beweislage ist zu dünn, um sie zur Abgabe von Speichelproben zu zwingen.

Aktiv gefahndet wird ein halbes Jahrhundert nach Andreas Baaders gewaltsamer Befreiung am 14. Mai 1970 noch nach drei Personen aus der früheren RAF.[17] Es handelt sich um Daniela Klette, Ernst-Volker Staub und Burkhard Garweg.[18] Sie werden aber inzwischen nicht mehr wegen vermeintlich politisch motivierter Anschläge gesucht, sondern wegen ganz klassischer Raubüberfälle.[19] Am 30. Juli 1999 nämlich, das zeigten DNA-Spuren, bedrohten Staub und Klette bei Duisburg die Fahrer eines Geldtransporters und erbeuteten rund eine Million Mark. Zusammen mit Burkhard Garweg begingen die beiden offenbar bis zu acht weitere Überfälle, alle nach ähnlichem Muster. Beim bisher letzten erfolgreichen Raub 2016 nahe Bremen erbeuteten sie mehr als 600 000 Euro. Sie brauchten offenbar Geld, um ihr Leben in der Illegalität zu finanzieren. Es handelt sich um reine Beschaffungskriminalität, die stets eine Hauptbeschäftigung der Terroristen war. Der Amoklauf gegen den Rechtsstaat geht weiter, nur jetzt ohne jeden vermeintlich politischen Anspruch.

ANHANG

Dank

Bücher beruhen meist auf jahre-, manchmal jahrzehntelangen Vorarbeiten. Im Fall des vorliegenden Buches sind es etwas mehr als 25 Jahre, seit ich mich noch während meines Geschichtsstudiums an der Freien Universität Berlin zum ersten Mal intensiv mit der RAF befasst habe. Seither sammle ich Quellen und Literatur, nutze jede Gelegenheit, mit Zeitzeugen zu sprechen. Viele Menschen haben mich dabei inspiriert, mir Hinweise gegeben oder vor Fehlern gewarnt, weitere an Konzeption, Niederschrift oder Korrektur dieses Buches mitgewirkt. Ausdrücklich danken möchte ich am Ende dieser »kurzen Geschichte der RAF« all jenen, die mich in der langen Zeit unterstützt haben. Dazu gehören natürlich meine akademischen Lehrer Prof. Dr. Alexander Demandt und Prof. Dr. Henning Köhler sowie der verstorbene Prof. Dr. Arnulf Baring, alle ehemals an der Freien Universität Berlin tätig. Mit *WELT*-Herausgeber Stefan Aust und mit Dr. Butz Peters, den Autoren der beiden wichtigsten Großdarstellungen über die RAF, diskutierte ich über den Linksterrorismus, wobei besonders unterschiedliche Ansichten sich als fruchtbar erwiesen. Mit meinen *WELT*-Kollegen Lars-Broder Keil und Uwe Müller gemeinsam recherchierte und schrieb ich viele Artikel. Dr. Christoph Links forderte mich in langen Gesprächen stets dazu auf, eine zentrale Erkenntnis argumentativ zu unterfüttern. Dr. German Neundorfer brachte mich 2006 erstmals auf die Idee, meine Vorarbeiten in Buchform zu bringen. Dr. Wolfgang Kraushaar vom Hamburger Institut für Sozialforschung verdanke ich wichtige Hinweise, ebenso Rainer Laabs, dem langjährigen Leiter des Unternehmensarchivs der Axel Springer SE. Reinhart Schwarz vom HIS-Archiv stellte mir zuvorkommend Archivalien zur Verfügung, ebenso verschiedene Mitarbeiter des Stasiunterlagen-Archivs. Dr. Berthold Seewald hielt mir bei WELTGeschichte stets den Rücken frei. Martin Lutz und Uwe Wilhelm, meine Mitstreiter im Autorenkollektiv Lutz Wilhelm Kellerhoff, spornten mich an. Ernst Piper unterstützte mich wie immer bei der Buchwerdung der Idee. Franziska von Haaren und Dr. Sybille Wüstemann wirkten wesentlich an der Präzisierung des Typoskripts mit. Für die umsichtige und stets konstruktive Betreuung im Verlag Klett-Cotta danke ich Tom Kraushaar sowie Sabrina Keim, Verena Knapp, Marina Scheuermann, Dr. Christoph Selzer, Maria Stork und Katharina Wilts.

Stellvertretend für die Zeitzeugen und Angehörigen von RAF-Opfern, mit denen ich gesprochen oder korrespondiert habe, möchte ich Stefan Ponto danken. Für viele Betroffene sind die Erinnerungen an die 1970er- und 1980er-Jahre immer noch schmerzhaft, ebenso das weitgehende Desinteresse der Öffentlichkeit für ihre Leiden. Die RAF war eben keine linke Folklore, sondern beschritt einen mörderischen Irrweg, der hunderten Menschen das Leben oder die Gesundheit kostete. Gewidmet ist dieses Buch deshalb dem Andenken an Anna-Maria Lorenz (1925–2017), der Witwe von Peter Lorenz. Von ihr lernte ich, ohne je ausdrücklich darüber zu sprechen, sehr viel über die Wirkungen des Terrorismus auf Opfer und ihre Angehörigen. Wer diese Perspektive ignoriert, wird die Verbrechen des Linksterrorismus in Deutschland nie angemessen bewerten können.

Berlin, den 5. September 2019 Sven Felix Kellerhoff

Abkürzungsverzeichnis

AP	*Associated Press*
BArch	Bundesarchiv
BGH	Bundesgerichtshof
BKA	Bundeskriminalamt
BStU	Stasiunterlagen-Behörde
BVerfG	Bundesverfassungsgericht
BVerfGE	Entscheidungen des Bundesverfassungsgerichts
dpa	*Deutsche Presseagentur*
Drs	Drucksache
FAS	*Frankfurter Allgemeine Sonntagszeitung*
FAZ	*Frankfurter Allgemeine Zeitung*
FDJ	Freie Deutsche Jugend (SED-Jugendorganisation)
FR	*Frankfurter Rundschau*
GBA	Generalbundesanwalt
HIS	Hamburger Institut für Sozialforschung
IM	Inoffizieller Mitarbeiter der Staatssicherheit
IRA	Irisch-Republikanische Armee (katholische Terrororganisation)
KG	Kammergericht Berlin
LG	Landgericht
MfS	Ministerium für Staatssicherheit
OLG	Oberlandesgericht
RAF	Rote Armee Fraktion
StA	Staatsanwaltschaft
SZ	*Süddeutsche Zeitung*
taz	*Die Tageszeitung* (Berlin)
VZG	*Vierteljahrshefte für Zeitgeschichte*

Anmerkungen

Sprung in den Untergrund

1 Anklageschrift der StA Berlin gegen Ingrid Schubert u. a. (2 J Ps 460/70) v. 10. Dezember 1970, S. 4–10 u. S. 23–67 sowie Urteil des LG Berlin gegen Ulrike Meinhof u. Horst Mahler (2 P KS 1/71) v. 29. November 1974, S. 15–42, ferner *Berliner Morgenpost*, *B.Z.*, *BILD*, *FAZ*, *SZ* u. *WELT* v. 15./16. Mai 1970 sowie *Stern* 23/1970, S. 50–58 u. *Spiegel* 21/1970, S. 100 f., außerdem *Baader-Meinhof-Report*, S. 36–39 u. Röhl: *»Die RAF hat Euch lieb«*, S. 300–313.

2 Urteil des LG Berlin gegen Ulrike Meinhof u. Horst Mahler (2 P KS 1/71) v. 29. November 1974, S. 17.

3 BStU MfS HA IX/11 FV 123/69, Bd. 11, S. 8.

4 Anklageschrift der StA Berlin gegen Ingrid Schubert u. a. (2 J Ps 460/70) v. 10. Dezember 1970, S. 61 f.

5 Gezählt sind hier die Opfer der RAF im engeren Sinne; hinzu kommen die Opfer anderer linksextremer Terrorgruppen wie der Zentralrat der umherschweifenden Haschrebellen, der Tupamaros West-Berlin und München, der Bewegung 2. Juni und der Revolutionären Zellen.

6 *Zeit* v. 2. Juli 1971 u. *BILD am Sonntag* v. 11. Mai 1975, S. 18.

7 Gezählt sind hier getötete und gestorbene Mitglieder der RAF im engeren Sinne. Die Gruppe selbst reklamierte 27 Opfer aus den Reihen linker Terrorgruppen.

8 Wegen Mitgliedschaft in linksterroristischen Vereinigungen wurden 1971 bis 2012 insgesamt 517 Menschen verurteilt, weitere 914 wegen deren Unterstützung. Der größere Teil zählte zur RAF oder deren Umfeld; andere Gruppen wie die Tupamaros West-Berlin, die Bewegung 2. Juni, die Revolutionären Zellen, die Rote Zora oder die Militante Gruppe machten den Rest aus.

9 So der ehemalige BKA-Präsident Horst Herold; vgl. *SZ* v. 20./21. Mai 2000.
10 Wunschik: *Baader-Meinhofs Kinder*, S. 436 f.
11 Horst Mahler in einem Brief von 1978, zit. n. Zahl: *Die Stille und das Grelle*, S. 155. Astrid Proll nannte die zweite RAF-Generation halb scherzhaft, halb zynisch eine »Befreit-Baader-Armee«; vgl. Proll: *Hans und Grete*, S. 10.
12 *Bundesrechtsanwaltsordnung*, §1.
13 Mehlich: *Der Verteidiger*, S. 302.
14 *Stenografische Berichte des Deutschen Bundestages*, 11784B.
15 Franz Josef Strauß soll im Großen Krisenstab im Oktober 1977 vorgeschlagen haben, RAF-Gefangene standrechtlich erschießen zu lassen. Vgl. *Spiegel* 7/1980, S. 27. Helmut Schmidt sagte drei Jahrzehnte später, die Formulierung von Strauß sei »viel vorsichtiger« gewesen, allerdings ebenfalls »sehr befremdlich«; er habe gesagt: »Wir haben doch auch Geiseln.« Zit. n. *Zeit* v. 30. August 2007. Laut Schmidt und Bundesjustizminister Hans-Jochen Vogel wurde darüber nicht diskutiert.
16 Terhoeven: *Die RAF*, S. 122.
17 Winkler: *Die Geschichte der RAF*, S. 9 u. Sontheimer: »*Natürlich kann geschossen werden*«, S. 8.
18 Auch die Todesopfer der Bewegung 2. Juni werden genannt. Ob die sieben Toten der Brandstiftung im Altenheim der Israelitischen Kultusgemeinde in München am 13. Februar 1970 durch einen Anschlag der linksextremen Gruppe Tupamaros München starben, ist nicht zweifelsfrei nachgewiesen. Vgl. Kraushaar: »*Wann endlich beginnt*«, S. 86–149 u. S. 597–603.
19 Becker: *Diskussionsbeitrag*, zit. n. Wunschik: *Baader-Meinhofs Kinder*, S. 9, Anm. 1.
20 Kraushaar: *Die blinden Flecken*, S. 250–298.
21 *SZ* v. 23. Februar 2013.

Wege in den Terror

1 Kellerhoff: *Die Stasi und der Westen*, S. 71–79.
2 Zit. n. Becker: *Hitlers Kinder?*, S. 34 f.; vgl. Aust: *Der Baader-Meinhof-Komplex*, S. 96. Dagegen betonte Tilman Fichter, Ensslin habe diesen »historischen Satz« völlig ruhig von sich gegeben; vgl. Schneider: *Rebellion und Wahn*, S. 160. Andere

Anwesende bekamen von Ensslins Auftritt gar nichts mit; vgl. Koenen: *Vesper, Ensslin, Baader*, S. 124 sowie Gleichauf: *Poesie und Gewalt*, S. 9 f. u. Assmann: *Gudrun Ensslin*, S. 159, Anm. 3.
3 Zit. n. Ensslin: *Zieht den Trennungsstrich*, S. 56.
4 SDS-eigene Angaben zit. n. *WELT am Sonntag* v. 16. Juni 1968; vgl. die umfassende Dokumentation Dezember 1966 bis Dezember 1968 in: www.Medienarchiv68.de.
5 *Kursbuch* 14 (1968), S. 146–174.
6 *WELT* v. 4. September 2019.
7 *taz* v. 24. Dezember 2004 u. Dutschke: *Geschichte ist machbar*, S. 94 f.
8 Dutschke: *Rudi Dutschke*, S. 179 f.
9 *WDR-Portrait Rudi Dutschke*, ausgestrahlt am 19. April 1968.
10 Flugblatt Nr. 8 der Kommune 1 v. 24. Mai 1967 (Sammlung Kellerhoff).
11 Zit. n. *WELT*, *Berliner Morgenpost* u. *BILD* v. 4. April 1968.
12 Zit. n. *Voltaire-Flugschrift* 27 (1968), S. 9–11.
13 Proll/Dubbe: *Wir kamen*, S. 35.
14 *Konkret* 14/1967, S. 5.
15 Röhl: *»Die RAF hat Euch lieb«*, S. 159 f. u. Koenen: *Vesper, Ensslin, Baader*, S. 189 f. sowie Gleichau: *Poesie und Ge*walt, S. 164 f. u. Aßmann: *Gudrun Ensslin*, S. 229 f., außerdem Stefan Aust in Unger/Adamek: *Ulrike Meinhof*, Minute 25:33–25:41 (DVD).
16 *Radikalinski* Nr. 3 (Dezember 1968), S. 6 (Sammlung Kellerhoff).
17 Zit. n. *Spiegel* 7/1969, S. 30.
18 BStU, MfS HA XXII 1191, Bl. 233 f.
19 Baumann: *Wie alles anfing*, S. 53 f.
20 *WELT* v. 7. März 1969.
21 Kunzelmann behauptete, die Bomben seien in der Wohnung »deponiert« worden; vgl. Kunzelmann: *Leisten Sie keinen Widerstand*, S. 107–110.
22 Kraushaar: *Die Bombe*, S. 128 f.
23 *Agit 883* v. 27. November 1969, S. 5.
24 *Spiegel* 50/1969, S. 104 f. u. *WELT* v. 21. Dezember 1969 sowie Kraushaar: *Die Bombe*, S. 151–156.
25 Koenen: *Vesper, Ensslin, Baader*, S. 188 f. u. Stern/Herrmann: *Andreas Baader*, S. 136 f.
26 Ensslin: *»Zieht den Trennungsstrich«*, S. 36 f.
27 *Hamburger Abendblatt* v. 14. Juni 1969.
28 Proll/Dubbe: *Wir kamen*, S. 60.

29 Proll: *Hans und Grete*, S. 8.
30 *Hamburger Abendblatt* v. 5. Februar 1970.
31 Anklageschrift der StA Berlin gegen Ingrid Schubert u. a. (2 J Ps 460/70) v. 10. Dezember 1970, S. 33.
32 Zit. n. Fischer: *Horst Mahler*, S. 203.
33 Zit. n. Röhl: *»Die RAF hat Euch lieb«*, S. 271.
34 Röhl: *»Die RAF hat Euch lieb«*, S. 276.
35 Kunzelmann: *Leisten Sie keinen Widerstand*, S. 128.
36 Jörg Schlotterer zit. n. Stern/Herrmann: *Andreas Baader*, S. 159 f.
37 Kunzelmann: *Leisten Sie keinen Widerstand*, S. 128.
38 Reinders/Fritzsch: *Die Bewegung 2. Juni*, S. 28.
39 Urteil des LG Berlin gegen Ulrike Meinhof u. Horst Mahler (2 P KS 1/71) v. 29. November 1974, S. 11 f.
40 Anklageschrift der StA Berlin gegen Ingrid Schubert u. a. (2 J Ps 460/70) v. 10. Dezember 1970, S. 34.
41 Zit. n. Röhl: *»Die RAF hat Euch lieb«*, S. 301.
42 Reinders/Fritzsch: *Die Bewegung 2. Juni*, S. 33.
43 Klaus Wagenbach in Unger/Adamek: Ulrike Meinhof, Minute 32:35–32:42. Wagenbach sagte am 3. Mai 1996: »Ulrike Meinhof kam dann im Mai [1970] zu mir, (…) sie hat gesagt, wir machen jetzt einen Vertrag, damit Baader rauskommt; hab' ich natürlich sofort eingesehen: Gefangenenbefreiung ist immer gut.« Zit. n. *Berliner Zeitung* v. 6. Mai 1996 u. http://www.trend.infopartisan.net/trd0506/t300506.html.
44 Zit. n. Röhl: *»Die RAF hat Euch lieb«*, S. 303; vgl. Ditfurth: *Ulrike Meinhof*, S. 11.

Die erste Generation

1 *Berliner Morgenpost*, *B.Z.*, *Der Abend*, *Tagesspiegel* u. *WELT* v. 15.–19. Mai 1970.
2 Urteil des LG Berlin gegen Ulrike Meinhof u. Horst Mahler (2 P KS 1/71) v. 29. November 1974, S. 15–23 u. S. 44 f.
3 Zit. n. Schulz: *Die Anwälte*, Minute 20:55–23:15 (DVD).
4 *Agit 883* v. 22. Mai 1970, S. 2.
5 *Agit 883* v. 5. Juni 1970, S. 6. Zur Autorenschaft vgl. Koenen: *Vesper, Ensslin, Baader*, S. 299 f. u. Gleichau: *Poesie und Gewalt*, S. 211 f.
6 *Spiegel* 25/1970, S. 74 f.

7 *Berliner Morgenpost* u. *WELT* v. 10. Juni 1970 sowie *Spiegel* 25/1970, S. 73–75 u. *Spiegel* 44/1972, S. 93 f.
8 BStU MfS HA IX 16906, Bl. 29.
9 *Spiegel* 44/1972, S. 93 f.
10 BStU MfS HA IX 16906, Bl. 38; vgl. BStU MfS SdM 309, Bl. 39–42.
11 BStU MfS HA XXII 416/2, Bl. 9.
12 BStU MfS HA XX ZMA 496, Bl. 17–19.
13 BStU MfS AKK 10454/76, Bl. 27.
14 BStU MfS HA IX 16906, Bl. 38 f.
15 BStU MfS HA XV 2205/81, Bl. 111.
16 Urteil des KG Berlin gegen Horst Mahler (1 StE 1/72) v. 26. Februar 1973, S. 18–25 sowie *Berliner Morgenpost*, *BILD* u. *WELT* v. 30. September 1970, ferner *Spiegel* 33/1971, S. 52 u. *Spiegel* 5/1972, S. 28–47.
17 Reinders/Fritzsch: *Die Bewegung 2. Juni*, S. 43.
18 Anklageschrift der StA Berlin gegen Brigitte Mohnhaupt u. Katharina Hammerschmidt (1 P Js 417/72) v. 1. Juni 1973, S. 88.
19 Urteil des KG Berlin gegen Horst Mahler (1 StE 1/72) v. 26. Februar 1973, S. 18–22.
20 Ebd., S. 23–25.
21 Ebd., S. 22 f.
22 Ebd., S. 42 f.
23 *Hamburger Abendblatt* v. 30. September 1970.
24 Zit. n. *Spiegel* 42/1970, S. 116–119; vgl. Anklageschrift der StA Berlin gegen Ingrid Schubert u. a. (2 J Ps 460/70) v. 10. Dezember 1970, S. 75–79 u. Urteil des KG Berlin gegen Horst Mahler (1 StE 1/72) v. 26. Februar 1973, S. 25–27.
25 Zit. n. *BILD am Sonntag* v. 11. Oktober 1970.
26 Listen von Transitreisenden, die bei der Stasi nachweislich geführt wurden, sind für die Jahren 1970 bis 1972 nicht erhalten. Durch belegte Treffen in West-Berlin und Städten des Bundesgebietes ist nachgewiesen, dass Baader und Meinhof bis zum Frühjahr 1972 jeweils mindestens ein halbes Dutzend Mal die Transitwege durch die DDR benutzten.
27 *Hamburger Abendblatt* v. 3. Februar 1972.
28 RAF: *Das Konzept Stadtguerilla* (Sammlung Kellerhoff).
29 Am 29. März 1970 hatten japanische Linksextremisten, deren selbstgewählter Name »Sekigun-ha« im Englischen als »Red Army Fraction« wiedergegeben wurde, eine Passagiermaschine

nach Nordkorea entführt. Deutsche Zeitungen nannten die Gruppe nur »Rote Armee«. Vgl. *BILD* u. *WELT* v. 1. u. 2. April 1970 sowie *Spiegel* 15/1970, S. 117 f.

30 *Spiegel* 18/1972, S. 32 f.

31 *Hamburger Abendblatt* v. 16. Juli 1971.

32 Meyer: *Staatsfeind*, S. 171.

33 *Agit 883* v. 11. Mai 1971, S. 6–19.

34 *Allensbacher Berichte* 18/1971.

35 *Hamburger Abendblatt* u. *WELT* v. 16. u. 17. Juli 1971 sowie *Spiegel* 30/1971, S. 28–31.

36 Bericht der Hamburger Polizei v. 12. November 1971 (HIS-Archiv KOK 04/014), S. 1–5 sowie *Hamburger Abendblatt* v. 22. u. 23. Oktober 1971, ferner *Spiegel* 44/1971, S. 106–108 u. *Spiegel* 7/1973, S. 62.

37 *FAZ* u. *WELT* v. 6. Dezember 1971 u. *Spiegel* 53/1971, S. 56 sowie *Spiegel* 7/1974, S. 32.

38 Urteil des LG Kaiserslautern gegen Manfred Grashof u. a. (Ks 2/75) v. 2. Juni 1977, S. 69–96.

39 *Hamburger Abendblatt* v. 23. Dezember 1971.

40 *BILD* v. 23. Dezember 1971.

41 Urteil des LG Kaiserslautern gegen Manfred Grashof u. a. (Ks 2/75) v. 2. Juni 1977, S. 256.

42 *BILD am Sonntag* v. 10. Januar 1972 u. *Spiegel* 4/1972, S. 55 f.

43 Nach Ansicht des BKA hatte die RAF 1972 mindestens 39 Mitglieder. Vgl. Klaus: *Sie nannten mich Familienbulle*, S. 151 f.

44 *Spiegel* 3/1972, S. 54–57.

45 *Spiegel* 6/1972, S. 60.

46 Baader an die *dpa* v. Januar 1972 (Sammlung Kellerhoff).

47 Reinders/Fritzsch: *Die Bewegung 2. Juni*, S. 39.

48 Meyer: *Staatsfeind*, S. 198.

49 *Hamburger Abendblatt* v. 3. u. *Berliner Morgenpost*, *BILD*, *FAZ* u. *WELT* v. 4. Februar 1972 sowie *Spiegel* 7/1972, S. 86–98.

50 Viett: *Nie war ich furchtloser*, S. 91.

51 WELT v. 4. u. *BILD am Sonntag* v. 5. März 1972 sowie Flugblätter der Roten Hilfe von März 1972 (Sammlung Kellerhoff).

52 *Berliner Morgenpost* u. *Hamburger Abendblatt* v. 4. März 1972.

53 Urteil des LG Kaiserslautern gegen Manfred Grashof u. a. (Ks 2/75) v. 2. Juni 1977, S. 190–228 sowie *Hamburger Abendblatt* v. 23. März 1972.

54 *Spiegel* 22/1972, S. 77–79 u. 23/1972, S. 24–34 sowie *BILD*, *FAZ*, *Hamburger Abendblatt*, *SZ* u. *WELT* v. 13.–18. Mai 1972.
55 Urteil des OLG Stuttgart gegen Andreas Baader u. a. (2 StE 1/74) v. 28. April 1977, S. 40–49.
56 Ebd., S. 67.
57 Ebd., S. 1–5.
58 Bekennerschreiben der RAF v. 14. Mai 1972 (Sammlung Kellerhoff).
59 Urteil des OLG Stuttgart gegen Andreas Baader u. a. (2 StE 1/74) v. 28. April 1977, S. 6–8.
60 Ebd., S. 9–13.
61 Ebd., S. 14–17.
62 Ebd., S. 18–27 sowie Dossier zum Anschlag auf das Hamburger Verlagshaus (Unternehmensarchiv Axel Springer SE).
63 Bekennerschreiben der RAF v. 20. Mai 1972 (Sammlung Kellerhoff).
64 Urteil des OLG Stuttgart gegen Andreas Baader u. a. (2 StE 1/74) v. 28. April 1977, S. 28–39.
65 Bekennerschreiben der RAF v. 25. Mai 1972 (Sammlung Kellerhoff).
66 *BILD*, *FAZ*, *SZ* u. *WELT* v. 1. Juni 1972.
67 Urteil des OLG Stuttgart gegen Andreas Baader u. a. (2 StE 1/74) v. 28. April 1977, S. 77 f.
68 Ebd., S. 78–80.
69 Urteil des OLG Stuttgart gegen Andreas Baader u. a. (2 StE 1/74) v. 28. April 1977, S. 81–85 sowie *Spiegel* 24/1972, S. 19–32 u. *Stern* 25/1972, S. 18–30, ferner *BILD*, *FAZ*, *Hamburger Abendblatt* u. *WELT* v. 2. u. 3. Juni 1972 sowie Weidenbach: *Jagd nach der RAF*, Minute 0:48–4:20 u. 5:55–8:30 (DVD).
70 Vgl. Urteil des OLG Stuttgart gegen Andreas Baader u. a. (2 StE 1/74) v. 28. April 1977, S. 85–87; ferner *BILD*, *Hamburger Abendblatt* u. *WELT* v. 8. u. 9. Juni 1972 sowie *Spiegel* 25/1972, S. 67–72.
71 Anklageschrift der StA Berlin gegen Brigitte Mohnhaupt u. Katharina Hammerschmidt (1 P Js 417/72) v. 1. Juni 1973, S. 105; vgl. *BILD* u. *Berliner Morgenpost* v. 2. Juni 1972.
72 Vgl. *Berliner Morgenpost* u. *B.Z.* v. 10. u. 11. Juni 1972.
73 Vgl. *BILD am Sonntag* u. *WELT am Sonntag* v. 18. Juni 1972 sowie *Spiegel* 26/1972, S. 71.
74 Klaus: *Sie nannten mich Familienbulle*, S. 163.

75 Kassiber Gudrun Ensslin an Ulrike Meinhof (Sammlung Kellerhoff).
76 *Zeit* v. 29. September 1972.
77 BVerfGE 34, S. 306 f.
78 Vgl. *Zeit* v. 30. Juni 1972 u. *WELT* v. 1. Juli 1972 sowie *Spiegel* 28/1972, S. 51–53 u. 31/1972, S. 16.
79 Zit. n. *RAF. Texte und Materialien*, S. 151–178.
80 Zit. n. Aust: *Baader-Meinhof-Komplex*, S. 420–424.
81 *Berliner Morgenpost*, *B.Z.*, *Hamburger Abendblatt*, *Tagesspiegel* u. *WELT* v. 18. Januar 1973. *Der Spiegel* gab Baaders Ankündigung stark redigiert wieder: »Ich werde ab heute in Hungerstreik gehen und nehme an, dass sich die anderen anschließen.« Vgl. *Spiegel* 4/1973, S. 54. Zum Thema »Isolationsfolter« Keil/Kellerhoff: *Fake News machen Geschichte*, S. 133–160.
82 Zit. n. *WELT* v. 6. Februar 1973.
83 *Konkret* v. 8. Februar 1973.
84 *Kursbuch* 32 (1973), S. 118–120.
85 *Kursbuch* 32 (1973), S. 140.
86 BVerfGE 34, S. 384–404.
87 *Kursbuch* 32 (1973), S. 114.
88 *Spiegel* 4/1973, S. 54.
89 Mitteilung des nordrhein-westfälischen Justizministeriums, zit. n. *Frankfurter Rundschau* v. 15. März 1974.
90 Horst Mahler in einem Brief von 1978, zit. n. Zahl: *Die Stille und das Grelle*, S. 157.
91 Presse- und Informationsamt (Hrsg.): *Dokumentation der Bundesregierung*, S. 246.
92 *Spiegel* 3/1978, S. 75 f. u. Presse- und Informationsamt (Hrsg.): *Dokumentation der Bundesregierung*, S. 247.
93 Presse- und Informationsamt (Hrsg.): *Dokumentation der Bundesregierung*, S. 248.
94 Vgl. Bakker Schut (Hrsg.): *Das Info*, S. 36–303.
95 Klaus: *Sie nannten mich Familienbulle*, S. 169.
96 Zit. n. Bundesministerium des Inneren (Hrsg.): *Dokumentation*, S. 56 f.
97 Urteil des LG Hamburg gegen Christa Eckes u. a. (42/75) v. 28. September 1976, S. 7–10 u. S. 12–14.
98 *BILD* u. *Hamburger Abendblatt* v. 7. August 1973.
99 Vgl. *BILD*, *Hamburger Abendblatt*, *FAZ* u. *WELT* v. 5. u. 6. Februar 1974 sowie *Spiegel* 7/1974, S. 29–34.

100 *Hamburger Abendblatt* v. 5. Februar 1974.
101 Urteil des LG Hamburg gegen Christa Eckes u.a. (42/75) v. 28. September 1976, S.35, S.42 u. S.63f.
102 Ebd., S.42–45.
103 Ebd., S.43 u. Bundesministerium des Inneren (Hrsg.): *Dokumentation*, S.86–91 u. S.100–104.
104 *Hamburger Abendblatt* v. 29. September 1976.
105 Urteil des LG Hamburg gegen Christa Eckes u.a. (42/75) v. 28. September 1976, S.174.
106 Vgl. *Stern* 48/1974 u. S.16–22, *Spiegel* 47/1974, S.28–47 sowie *FAZ*, *SZ* u. *WELT* v. 11. November 1974.
107 Zit. n. Bundesministerium des Inneren (Hrsg.): *Dokumentation*, S.101.
108 Zit. n. *Spiegel* 47/1974, S.30; vgl. Bakker Schut (Hrsg.): *Das Info*, S.183f.
109 Zit. n. *Zeit* v. 27. Januar 1978. Vgl. Klaus: *Sie nannten mich Familienbulle*, S.192f.
110 Schreiben Siegfried Haag an Theodor Prinzing v. 9. November 1974 (Sammlung Kellerhoff).
111 *Berliner Morgenpost*, *BILD*, *B.Z.*, *FAZ* u. *SZ* v. 11. November 1974 sowie *Spiegel* 47/1974, S.28–34; außerdem *Stern* 47/1974, S.180–183 u. 48/1974, S.16–22.
112 *Hamburger Abendblatt* v. 19. November 1974; vgl. *FAZ* u. *SZ* v. 19. November 1974 sowie *Spiegel* 48/1974, S.7.
113 Viett: *Nie war ich furchtloser*, S.125.
114 *WELT* v. 14. November 2010.
115 *Stern* 48/1974, S.18f.
116 *Hamburger Abendblatt* v. 12. November 1974.
117 Urteil des KG Berlin gegen Ralf Reinders u.a. (1 StE 2/77), S.52–61 sowie *BILD*, *FAZ*, *SZ* u. *WELT* v. 11. sowie *Berliner Morgenpost* u. *Tagesspiegel* v. 12. November 1974, ferner *Spiegel* 47/1974, S.28–34.
118 Bekennerschreiben in: Urteil des KG Berlin gegen Ralf Reinders u.a. (1 StE 2/77), S.64f.
119 Flugblatt »Solidarität und Lernprozess« (Sammlung Kellerhoff).
120 *Spiegel* 47/1974, S.41–47.
121 Oesterle: *Stammheim*, S.35–72 u. S.75–87.
122 *Spiegel* 48/1974, S.166–169.
123 *Spiegel* 49/1974, S.27–29.

124 Dahlke: »*Nur eingeschränkte Krisenbereitschaft*«, S. 646 f. sowie Meyer: *Staatsfeind,* S. 198 u. Viett: *Nie war ich furchtloser,* S. 130 f.
125 *Hamburger Abendblatt* v. 1. März 1975.
126 Erklärung zum Ausschluss von Horst Mahler aus der RAF v. 27. September 1974 (Sammlung Kellerhoff).
127 Dahlke: »*Nur eingeschränkte Krisenbereitschaft*«, S. 661 f.
128 *Stenografische Protokolle des Deutschen Bundestages*, S. 10735C.
129 Meyer: *Staatsfeind,* S. 50.
130 Anklageschrift des GBA gegen Lutz Taufer u. a. (1 BJs 50/75) v. 27. November 1975, S. 53–112 u. Urteil des OLG Düsseldorf gegen Lutz Taufer u. a. (IV 15/75) v. 20. Juli 1977, S. 29–84; ferner *BILD*, *FAZ*, *Hamburger Abendblatt*, *SZ* u. *WELT*, v. 25. u. 26. April 1975 sowie *Spiegel* 18/1975, S. 23–33 u. *Stern* 19/1975, S. 18–24 u. S. 144–146.
131 *BILD am Sonntag* v. 27. April 1975.
132 Vgl. Soell: *Helmut Schmidt*, der S. 654 u. S. 1026, Anm. 40, eine nicht näher beschriebene »Aufzeichnung« Schmidts über die Kabinettssitzung am 24. April 1975 um 19 Uhr paraphrasiert.
133 Zit. n. *WELT* v. 25. April 2005.
134 *BILD* v. 2. Mai 1975.
135 Soell: *Helmut Schmidt*, S. 1026, Anm. 41.
136 Urteil des OLG Düsseldorf gegen Lutz Taufer u. a. (IV 15/75) v. 20. Juli 1977, S. 82.
137 Ebd., S. 83–85.
138 *BILD*, *FAZ*, *Hamburger Abendblatt* u. *WELT* v. 10. Mai 1975.
139 *Hamburger Abendblatt* v. 27. Juli 1977 u. *Spiegel* 32/1977, S. 136.
140 Vgl. die Berichterstattung in *FAZ*, *Hamburger Abendblatt*, *Spiegel* u. *WELT* sowie Aust: *Baader-Meinhof-Komplex*, S. 525–688; ferner Stuberger: *Die Tage von Stammheim*, S. 43–184 u. Peters: *Tödlicher Irrtum*, S. 336–345.
141 *Spiegel* 24/1975, S. 67 f.
142 *Tagesspiegel* v. 14. Oktober 2007.
143 *Stuttgarter Zeitung* v. 21. Mai 2015 u. *Tagesspiegel* v. 14. Oktober 2007.
144 *SZ* v. 1. August 2007.
145 *BILD* v. 6. Juni 1975.
146 *Stuttgarter Zeitung* v. 21. Mai 2015.
147 *Spiegel* 20/1976, S. 13–16 u. *Zeit* v. 20. August 1976.
148 Erklärung Jan-Carl Raspe v. 11. Mai 1976 (Sammlung Kellerhoff).

149 Zellen-Material Meinhof (HIS KOK 07/006) u. Pflieger: *Die Rote Armee Fraktion*, S. 64.
150 Zit. n. http://www.zeithistorische-forschungen.de/16126041-Diewald-Kerkmann-2-2008, Dokument 3.
151 *B.Z.* v. 17. Mai 1976.
152 Zit. n. BILD v. 17. Mai 1976 u. Becker: *Hitlers Kinder?*, S. 238.
153 Wagenbach: *Freiheit des Verlegers*, S. 109.
154 Zit. n. *BILD am Sonntag* v. 16. Mai 1976.
155 Internationale Untersuchungskommission (Hrsg.): *Der Tod*, S. 5.

Die zweite Generation

1 *Spiegel* 2/1978, S. 65 f.; vgl. Pflieger: *Die Rote Armee Fraktion*, S. 63 u. Wunschik: *Baader-Meinhofs Kinder*, S. 200.
2 *BILD am Sonntag* v. 18. Mai 1975.
3 Vgl. *WELT* v. 17. Mai 1975 u. *Hamburger Abendblatt* v. 10., 16., 17., 24. Mai u. v. 3. Juni 1975; Presseerklärung von Haag v. 11. Mai 1975 (Sammlung Kellerhoff). Vgl. *Frankfurter Rundschau* v. 2. September 1986.
4 Vgl. Anklageschrift des GBA gegen Verena Becker u. Günter Sonnenberg (1 BJs 53/77) v. 28. Juni 1977, S. 19 f. u. Anklageschrift des GBA gegen Verena Becker (1 BJs 26/77–5) v. 6. April 2010, S. 3 f.
5 Bericht Alfred Klaus v. 12. Dezember 1976 (HIS KOK 05/02), S. 1 f.
6 Zit. n. *WELT* v. 3. Februar 2011.
7 *WELT* v. 4. Mai 1977.
8 Vgl. Urteil des OLG Stuttgart gegen Brigitte Mohnhaupt u. Christian Klar (5–1 StE 1/83) v. 2. April 1985, S. 18 f.
9 Vgl. *BILD*, *FAZ*, *Hamburger Abendblatt* u. *WELT* v. 1.–3. Dezember 1976 sowie *Spiegel* 50/1976, S. 116–118 u. *Zeit* v. 10. Dezember 1976.
10 Bericht Alfred Klaus v. 12. Dezember 1976 (HIS KOK 05/02), S. 22 u. Klaus: *Familienbulle*, S. 228–230.
11 Zit. n. *Welt* u. *Bild* v. 3. Dezember 1976.
12 *Arbeiter-Zeitung* u. *Presse* v. 14.–17. Dezember 1976 sowie Dossier zum Banküberfall in Wien am 13. Dezember 1976 (HIS).
13 Anklageschrift des GBA gegen Verena Becker (1 BJs 26/77–5) v. 6. April 2010, S. 25.

14 Urteil des OLG Stuttgart gegen Verena Becker (6–2 StE 2/10) v. 6. Juli 2012 (http://lrbw.juris.de/cgi-bin/laender_rechtsprechung/document.py?Gericht=bw&nr=18408), Rn. 226 u. Kraushaar: *Verena Becker*, S. 72 f.
15 Vgl. Urteil des OLG Stuttgart gegen Brigitte Mohnhaupt u. Christian Klar (5–1 StE 1/83) v. 2. April 1985), S. 20–27 u. S. 159–174.
16 Vgl. Urteil des OLG Stuttgart gegen Brigitte Mohnhaupt u. Christian Klar (5–1 StE 1/83) v. 2. April 1985), S. 28–30 sowie *Hamburger Abendblatt* v. 13. Juli 1976.
17 Zit. n. *Spiegel* 32/1980, S. 33.
18 *B.Z.* v. 16. Februar 1977.
19 Vgl. *Spiegel* 7/1972, S. 57–63.
20 Diewald-Kerkmann: *Frauen, Justiz und Terrorismus*, S. 137–139 sowie *Polizeiliche Kriminalstatistik* 1975, S. 25–29.
21 *Spiegel* 33/1977, S. 22–33.
22 *FAZ* v. 12. November 2002.
23 Nollau zit. n. *Spiegel* 33/1977, S. 23; Scheuch zit. n. *Zeit* v. 8. Juni 1978.
24 Vannuccini zit. n. Paczensky (Hrsg.): *Frauen und Terror*, S. 81.
25 *Jahrbuch des Statistischen Bundesamtes* 1976, S. 106.
26 Urteil des OLG Stuttgart gegen Volker Speitel u. Hans-Joachim Dellwo (2–1 StE 2/78) v. 14. Dezember 1978, S. 20–37.
27 *Stenografische Protokolle des Deutschen Bundestages*, S. 10736A.
28 *Spiegel* 50/1976, S. 118.
29 Drucksache 7/3200 des Landtages von Baden-Württemberg, S. 90 f.
30 *Hamburger Abendblatt* v. 13. Januar u. 18. November 1978 sowie *Spiegel* 32/1980, S. 30–39 u. *Spiegel* 33/1980, S. 30–36; vgl. *SZ* v. 25. September 2017.
31 Urteil des OLG Stuttgart gegen Volker Speitel u. Hans-Joachim Dellwo (2–1 StE 2/78) v. 14. Dezember 1978, S. 58 f. u. Urteil des OLG gegen Arndt Müller u. Armin Newerla (1 StE 5 6/78) v. 31. Januar 1980, S. 74.
32 Anklageschrift des GBA gegen Arndt Müller u. Armin Newerla (1 BJs 153/78) v. 15. Juli 1978, S. 1 f. u. Urteil des OLG gegen Arndt Müller u. Armin Newerla (1 StE 5 6/78) v. 31. Januar 1980, S. 24–29 u. S. 36–41.
33 *BILD*, *FAZ*, *FR*, *SZ* u. *WELT* v. 18.–22. März 1977 sowie *Spiegel* 13/1977, S. 21–29.

34 Paragraf 34 StGB.
35 Urteil des OLG Stuttgart gegen Brigitte Mohnhaupt u. Christian Klar (51 StE 1/83) v. 2. April 1985, S. 44–55 u. S. 197–218 sowie Urteil des OLG Stuttgart gegen Knut Folkerts (2–1 StE 5/79) v. 30. September 1980, S. 5–13 u. S. 31–61, außerdem Anklageschrift des GBA gegen Verena Becker (1 BJs 26/77–5) v. 6. April 2010, S. 26–55 sowie *Hamburger Abendblatt* v. 7. April 1977, ferner *BILD*, *FAZ* u. *WELT* v. 9. April 1977 u. *Spiegel* 17/1977, S. 17–22.
36 *WELT* v. 9. April 1977.
37 Bekennerschreiben v. 13. April 1977 (Sammlung Kellerhoff).
38 *WELT* v. 14. April 1977.
39 Nachruf des Göttinger Mescalero (Sammlung Kellerhoff).
40 *Tagesspiegel* v. 17. Oktober 2017.
41 Zit. n. *WELT* v. 29. April 1977; vgl. https://www.swr.de/swr2/wissen/archivradio/27/-/id=2847740/did=2432230/nid=2847740/161j6g2/index.html u. *Tagesspiegel* v. 27. März 2018.
42 Zit. n. http://www.zeithistorische-forschungen.de/16126041-Diewald-Kerkmann-2-2008, Dokument 3.
43 Zit. n. *WELT* v. 29. April 1977; vgl. *BILD*, *FAZ* u. *SZ* v. 29. April 1977.
44 *WELT* v. 29. April 1977.
45 Urteil des OLG Stuttgart gegen Knut Folkerts (2–1 StE 5/79) v. 30. September 1980, S. 14–21.
46 Urteil des OLG Stuttgart gegen Brigitte Mohnhaupt u. Christian Klar (51 StE 1/83) v. 2. April 1985, S. 56–66 u. S. 219–246 sowie Urteil des OLG Stuttgart gegen Susanne Albrecht (5–2 StE 4/90) v. 3. Juni 1991, zit. n. Stuberger (Hrsg.): *Die Akte RAF*, S. 158–179, außerdem *BILD am Sonntag*, *BILD*, *FAZ*, *FR*, *Hamburger Abendblatt*, *SZ* u. *WELT* v. 31. Juli–5. August 1977, ferner *Spiegel* 33/1977, S. 22–33. Vgl. Ponto: *Sie kamen mit Rosen*, S. 31–45, Albrecht/Ponto: *Patentöchter*, S. 20–37 u. S. 78–99 sowie Ahrens/Bähr: *Jürgen Ponto*, S. 245–256.
47 *FAZ* v. 27. April 1991.
48 Ponto: *Sie kamen mit Rosen*, S. 36 u. Albrecht/Ponto: *Patentöchter*, S. 23.
49 Vgl. *BILD am Sonntag* v. 10. Februar 1974.
50 *Hamburger Abendblatt* v. 10. Juli 1976 u. Unterlassungserklärung v. 1. November 1976 (Axel Springer Syndication).
51 Bekennerschreiben v. 14. August 1977 (Sammlung Kellerhoff).
52 Urteil des OLG Stuttgart gegen Brigitte Mohnhaupt u. Christian

Klar (51 StE 1/83) v. 2. April 1985, S. 67–85 u. S. 247–268 sowie Urteil des OLG Stuttgart gegen Peter Jürgen Boock (2–1 StE 5/81) v. 7. Mai 1984, S. 59–91 u. S. 235–293; ferner *BILD*, *FAZ*, *Hamburger Abendblatt*, *SZ* u. *WELT* v. 26. August – 3. September 1977.

53 Urteil des OLG Stuttgart gegen Brigitte Mohnhaupt u. Christian Klar (51 StE 1/83) v. 2. April 1985, S. 82, S. 246 u. S. 256.

54 Klaus: *Sie nannten mich Familienbulle*, S. 243.

55 Soell: *Helmut Schmidt*, S. 659.

56 *BILD* v. 4. August 1977.

57 Zit. n. Hachmeister: *Schleyer*, S. 329.

58 Wisniewski: *Wir waren so unheimlich konsequent …*, S. 29 f.

59 *Stern* 51/1974, S. 76–86.

60 Wisniewski: *Wir waren so unheimlich konsequent …*, S. 30.

61 Presse- und Informationsamt (Hrsg.): *Dokumentation der Bundesregierung*, S. 11–32, Urteil des OLG Stuttgart gegen Brigitte Mohnhaupt u. Christian Klar (51 StE 1/83) v. 2. April 1985, S. 86–120 u. S. 269–317 sowie Urteil des OLG Stuttgart gegen Stefan Wisniewski (1 StE 5/79), S. 25–30 u. S. 60–73; außerdem *BILD*, *FAZ*, *Hamburger Abendblatt*, *SZ* u. *WELT* v. 6. u. 7. September 1977.

62 Nachricht der RAF v. 5. September 1977 (Sammlung Kellerhoff).

63 Vgl. *Zeit* v. 30. August 2007.

64 Zit. n. https://www.youtube.com/watch?time_continue=16&v=aMxJoKn1r6o.

65 Bekennerschreiben der RAF u. Schleyers Notiz v. 6. September 1977 (Sammlung Kellerhoff).

66 Notiz Schmidt, zit. n. Soell: *Helmut Schmidt*, S. 662 u. S. 1027, Anm. 66.

67 Oesterle: *Stammheim*, S. 202–210.

68 Drucksache 7/3200 des Landtages von Baden-Württemberg, S. 94–98.

69 Zit. n. Siemens: *Für die RAF war er das System*, S. 131.

70 Mitteilungen von Hanns Martin Schleyer v. 6. u. v. 8. September sowie v. 7. Oktober 1977 (Sammlung Kellerhoff).

71 Brief von Hanns Martin Schleyer an seinen Sohn v. 8. September 1977, zit. n. Siemens: *Für die RAF war er das System*, S. 147.

72 Urteil des OLG Stuttgart gegen Brigitte Mohnhaupt u. Christian Klar (51 StE 1/83) v. 2. April 1985, S. 274–276 u. Weidenbach: *Jagd nach der RAF*, Minute 16:00–17:40 (DVD).

73 Zit. n. Breloer: *Todesspiel* Teil 1, Minuten 41:28–41:56 (DVD).

74 *Spiegel* 21/1978, S. 122–125.
75 *BILD*, *FR* u. *WELT* v. 23. September 1977 sowie *Spiegel* 40/1977, S. 32–34.
76 Presse- und Informationsamt (Hrsg.): *Dokumentation der Bundesregierung*, S. 133–193 sowie Demant/Helm: *Im fliegenden Sarg*, Minute 3:25–75:10 (DVD).
77 Presse- und Informationsamt (Hrsg.): *Dokumentation der Bundesregierung*, S. 175.
78 SWF-1 v. 17. Oktober 1977, Minute 36:30–36:50 (https://www.swr.de/swr2/wissen/archivradio/raf-entfuehrung-landshut-mogadischu-1977-hanns-martin-schleyer/-/id=2847740/did=2444808/nid=2847740/1a17uct/index.html).
79 BVerfGE 46, S. 160–165.
80 Geiger: *Die »Landshut« in Mogadischu*, S. 447–455.
81 Presse- und Informationsamt (Hrsg.): *Dokumentation der Bundesregierung*, S. 181.
82 Drucksache 7/3200 des Landtages von Baden-Württemberg, S. 15–34 u. S. 42–46, *BILD*, *FAZ*, *SZ* u. *WELT* v. 19. Oktober 1977 sowie *Spiegel* 44/1977, S. 16–19 u. *Stern* 45/1977, S. 34–38 u. S. 209–211.
83 Zit. n. Drucksache 7/3200 des Landtages von Baden-Württemberg, S. 10.
84 Zit. n. *Hamburger Abendblatt* v. 8. November 1977.
85 Klaus: *Sie nannten mich Familienbulle*, S. 273 f.
86 *BILD*, *FAZ*, *SZ* u. *WELT* v. 28. Oktober 1977 sowie *Spiegel* 47/1977, S. 36–52 u. *BILD* v. 1. November 1977.
87 *Spiegel* 21/1992, S. 135. Möllers Version z. B. in der Flugschrift *Irmgard Möller berichtet* (Sammlung Kellerhoff) u. in Tolmein: *»RAF – Das war für uns Befreiung«*, S. 128–133.
88 Presse- und Informationsamt (Hrsg.): *Dokumentation der Bundesregierung*, S. 181.
89 Zit. n. Aust: *Der Baader-Meinhof-Komplex*, S. 924.
90 Ähnlich sieht es Schleyers Sohn Hanns Eberhard: »Mich hat nie interessiert, wer nun tatsächlich derjenige gewesen ist, der geschossen hat.« *SZ-Magazin* v. 29. Juli 2013.
91 *Hamburger Abendblatt* v. 20. Oktober 1977.
92 Presse- und Informationsamt (Hrsg.): *Dokumentation der Bundesregierung*, S. 192.
93 www.welt.de/geschichte/raf/article169259875/Jede-Menge-RAF-Material.html.

94 *Hamburger Abendblatt* v. 12. September 1990.
95 *Arbeiter-Zeitung* (Wien), *BILD*, *FAZ* u. *Hamburger Abendblatt* v. 11.–15. November 1977 u. *Spiegel* 50/1977, S. 130 f. sowie *Arbeiter-Zeitung* (Wien) v. 22. April 1978, *Spiegel* 8/1979, S. 121 f. u. *FAS* v. 13. Mai 2007.
96 Meyer: *Staatsfeind*, S. 389.
97 *BILD am Sonntag* v. 14. Mai u. *Hamburger Abendblatt* v. 15. Mai 1978.
98 AAPD 1978/1, S. 753–755, S. 1214 f., S. 1716–1719 u. S. 1806–1810 sowie *FAZ* v. 6. November 1978 u. *WELT* v. 20. November 1978.
99 *BILD*, *FAZ*, *Hamburger Abendblatt* u. *WELT* v. 23.–25. August 1978 sowie Weidenbach: *Jagd nach der RAF*, Minute 21:05–24:15 (DVD).
100 https://www.welt.de/geschichte/article181436836/Fahndung-1978-Liess-sich-RAF-Topterrorist-Stoll-bewusst-erschiessen.html.
101 *BILD* u. *Hamburger Abendblatt* v. 25. September u. 9. Oktober 1978.
102 *Hamburger Abendblatt* v. 2. November u. *WELT* v. 3. November 1978.
103 *BILD* v. 14. November 1978.
104 *Hamburger Abendblatt* v. 5. Mai 1979 u. *Spiegel* 20/1979, S. 124–126.
105 *BILD am Sonntag* v. 10. u. *Hamburger Abendblatt* v. 11. Juni 1979 sowie *Spiegel* 25/1979, S. 32 f.
106 Vgl. *BILD*, *FAZ* u. *SZ* v. 26.–28. Juni 1979; vgl. Peters: *Tödlicher Irrtum*, S. 790 f., Anm. 239 u. Müller/Kanonenberg: *Die RAF-Stasi-Connection*, S. 110–122.
107 Bekennerschreiben der RAF v. 25. Juni 1979 (Sammlung Kellerhoff).
108 *Spiegel* 27/1979, S. 95.
109 *BILD*, *Hamburger Abendblatt* u. *WELT* v. 20.–22. November 1979 u. *Spiegel* 48/1979, S. 83–87.
110 *BILD* u. *WELT* v. 7. u. 8. Mai 1980 sowie *Hamburger Abendblatt* v. 29. Juli 1980.
111 Auflösungserklärung der Bewegung 2. Juni (Sammlung Kellerhoff) u. *taz* v. 11. Juni 1980.
112 Flugblatt »Zu der angeblichen Auflösung der Bewegung 2. Juni« (Sammlung Kellerhoff).
113 Meyer: *Staatsfeind*, S. 434.

114 Viett: *Nie war ich furchtloser*, S. 225 f. u. Müller/Kanonenberg: *Die RAF-Stasi-Connection*, S. 140–171.
115 Bästlein: *Der Fall Mielke*, S. 254–262 u. Wilhelm: *RAF im Osten*, S. 34–147.
116 BStU MfS HA XXII 73184/92, Bl. 2–9; BStU MfS XXII 19483, Bl. 34–214.
117 BStU MfS HA XXII 19309, Bl. 166–168.
118 *FAZ* u. *WELT* v. 1.–2. September 1981 u. *Spiegel* 37/1981, S. 116–118.
119 Urteil des OLG Stuttgart gegen Brigitte Mohnhaupt u. Christian Klar (5–1 StE 1/83) v. 2. April 1985, S. 125–139 u. S. 318–342, ferner *BILD*, *FAZ*, *Hamburger Abendblatt* u. *WELT* v. 16.–19. September 1981 sowie *Spiegel* 39/1981, S. 22–26.
120 Bekennerschreiben der RAF v. 31. August u. v. 15. September 1981 (Sammlung Kellerhoff).
121 *Spiegel* 37/1997, S. 66–78 u. Viett: *Nie war ich furchtloser*, S. 239–242.
122 Pflieger: *Gegen den Terror*, S. 121–131 u. Kraushaar: *Verena Becker*, S. 137–139 sowie Weidenbach: *Jagd nach der RAF*, Minute 26:20–31:30 (DVD).
123 Urteil des OLG Stuttgart gegen Brigitte Mohnhaupt u. Christian Klar (5–1 StE 1/83) v. 2. April 1985, S. 344 f.

Die dritte Generation

1 Fahndungsplakat Februar 1983 (Sammlung Kellerhoff) u. *Hamburger Abendblatt* v. 18. Februar 1983.
2 *Hamburger Abendblatt* v. 18. April 1984.
3 *BILD* u. *Hamburger Abendblatt* v. 23. Juni 1984 u. *Spiegel* 28/1984, S. 14.
4 *BILD*, *FAZ* u. *WELT* v. 4. u. 5. Juli 1984 sowie *Zeit* v. 13. Juli 1984.
5 *Spiegel* 47/1982, S. 136.
6 *Spiegel* 2/1985, S. 71.
7 Das gilt zumindest für die als Mitglieder der dritten RAF-Generation gesuchten Andrea Klump, Barbara Meyer, Christoph Seidler und Sabine Callsen. Alle gehörten zu gewaltbereiten linksextremen Kreisen, aber wohl nicht zur RAF.
8 *BILD* v. 19. November 1984 u. *Hamburger Abendblatt* v. 27. Dezember 1984.

9 Protokoll der 62. Kabinettssitzung v. 13. November 1984 (https://www.bundesarchiv.de/cocoon/barch/11/k/k1984k/kap1_1/kap2_39/para3_9.html).
10 *BILD*, *FAZ* u. *WELT* v. 20. Dezember 1984 sowie *Zeit* v. 28. Dezember 1984, ferner *Spiegel* 2/1985, S. 70 f.
11 Bekennerschreiben der RAF v. 24. Dezember 1984 (Sammlung Kellerhoff).
12 Kommuniqué der RAF und der Action Directe v. Januar 1985 (Sammlung Kellerhoff).
13 *BILD am Sonntag* v. 27. Januar u. *WELT* v. 28. Januar 1985 sowie *Zeit* v. 1. Februar 1985, ferner *Spiegel* 6/1985, S. 20 f.
14 *BILD*, *FAZ* u. *WELT* v. 2. Februar 1985, ferner *Zeit* v. 8. Februar 1985 sowie *Spiegel* 6/1985, S. 17–25.
15 Urteil des OLG Frankfurt gegen Birgit Hogefeld (5–2 StE 2/94) v. 5. November 1996, zit. n. Stuberger (Hrsg.): *Die Akte RAF*, S. 203–243 sowie *BILD*, *FAZ*, *Hamburger Abendblatt* v. 8.–9. August 1985, ferner *Spiegel* 34/1985, S. 76 f.
16 Bekennerschreiben v. 8. August 1985 (Sammlung Kellerhoff).
17 *Berliner Zeitung* v. 7. April 1994.
18 *taz* v. 15. August 1985.
19 Bekennerschreiben der RAF v. 25. August 1985 (Sammlung Kellerhoff).
20 Zit. n. ID-Verlag (Hrsg.): *Rote Armee Fraktion*, S. 349. Hogefeld nannte den Mord an Pimental elf Jahre später in ihrem Prozess lt. *Berliner Zeitung* v. 6. November 1996 »grauenhaft und zutiefst unmenschlich«.
21 *Hamburger Abendblatt* v. 10. Juli 1986.
22 Bekennerschreiben der RAF v. 8. Juli 1986 (Sammlung Kellerhoff).
23 *BILD*, *Hamburger Abendblatt* u. *WELT* v. 4. August 1986 sowie *Spiegel* 33/1986, S. 75 f.
24 *BILD am Sonntag* v. 12. u. *BILD*, *FAZ*, *SZ* u. *WELT* v. 13. Oktober 1986, ferner *Stern* 43/1986, S. 278–281 u. *Spiegel* 43/1986, S. 24–27.
25 Bekennerschreiben der RAF v. 10. Oktober 1986 (Sammlung Kellerhoff).
26 *BILD*, *FAZ* u. *WELT* v. 20.–23. September 1988.
27 Bekennerschreiben der RAF v. 20. u. 21. September 1988 (Sammlung Kellerhoff).
28 *BILD*, *FAZ*, *Hamburger Abendblatt*, *SZ* u. *WELT* v. 1.–2. Dezember 1989 sowie *Spiegel* 49/1989, S. 14–23 u. *Stern* 50/1989, S. 42–50.
29 *Frankfurter Rundschau* v. 2. Dezember 1989.

30 *BILD*, *FAZ* u. *Hamburger Abendblatt* v. 28. Juli 1990 sowie *Spiegel* 31/1990, S. 60–62.
31 Bekennerschreiben der RAF v. 29. Juli 1990 (Sammlung Kellerhoff).
32 Vgl. *Hamburger Abendblatt* v. 14. u. 15. sowie *BILD* u. *WELT* v. 16. Februar 1991, ferner *BILD* u. *Hamburger Abendblatt* v. 1. März 1991.
33 Bekennerschreiben der RAF v. 13. Februar 1991 (Sammlung Kellerhoff).
34 *Hamburger Abendblatt* v. 2. April u. *BILD*, *FAZ*, *SZ* u. *WELT* v. 3. April 1991, ferner *Stern* 15/1991, S. 200–204 u. *Spiegel* 15/1991, S. 18–24.
35 Bekennerschreiben der RAF v. 1. u. v. 4. April 1991 (Sammlung Kellerhoff).
36 *FAZ* u. *Hamburger Abendblatt* v. 7. Januar 1992 sowie *Spiegel* 3/1992, S. 79–82.
37 Erklärung der RAF v. 10. April 1992 (Sammlung Kellerhoff).
38 Zit. n. ID-Verlag (Hrsg.): *Bad Kleinen*, S. 257.
39 Zit. n. ID-Verlag (Hrsg.): *Rote Armee Fraktion*, S. 421–454.
40 *BILD am Sonntag* v. 28. u. *Hamburger Abendblatt*, *FAZ*, *SZ* u. *WELT* v. 29.–31. März 1993; ferner *Spiegel* 14/1993, S. 24–27.
41 *Monitor* v. 1. Juli 1993.
42 *Spiegel* 27/1993, S. 25.
43 *WELT* v. 5. Juli 1993.
44 Vgl. Peters: *Der letzte Mythos*, S. 200–218.
45 https://www.newsroom.de/news/aktuelle-meldungen/politik-16/20-jahre-bad-kleinen-warum-der-spiegel-seine-fehler-endlich-aufarbeiten-muss-791499/
46 Zit. n. ID-Verlag (Hrsg.): *Rote Armee Fraktion*, S. 464 f.
47 Erklärung von Karl-Heinz Dellwo, November 1992 (Sammlung Kellerhoff).
48 *Frankfurter Rundschau* v. 28. Oktober 1993.
49 Zit. n. ID-Verlag (Hrsg.): *Rote Armee Fraktion*, S. 468.
50 Auflösungserklärung der RAF v. 20. April 1998 (Sammlung Kellerhoff).

Nachwirkungen

1 Vgl. Dessecker: *Die Vollstreckung*, S. 20.
2 Vgl. *SZ* v. 15. Januar 2013 u. 21. Oktober 2017 sowie *Berliner Zeitung* v. 2. Juni 2018.
3 BVerfGE 45, S. 187.
4 Bundestag Drs 12/2610.
5 Vgl. *Zeit* v. 17. Januar 1997 u. *Tagesspiegel* v. 23. November 2014.
6 Vgl. Wisniewski/Landgraeber/Sieker: *Das RAF-Phantom.*
7 *Spiegel* 18/2000, S. 115 u. *FAZ* v. 16. März 2001; vgl. *SZ* u. *WELT* v. 4. Mai 2000.
8 *Berliner Morgenpost* v. 4. Mai 2000.
9 *Spiegel* 42/1997, S. 170.
10 *FAZ* v. 17. Mai 2001 u. *Spiegel* 3/2002, S. 50 sowie Bundestag Drs 14/6525.
11 https://www.spiegel.de/politik/deutschland/weiterstadt-taeter-des-letzten-raf-anschlags-identifiziert-a-513211.html sowie *FR* u. *SZ* v. 25. Oktober 2007.
12 *Financial Times* v. 21. Juli 2001.
13 https://zeitgeschichte-online.de/sites/default/files/documents/raf_peters_0.pdf u. *Zeit* v. 27. Januar 2005.
14 Zit. n. *WELT* v. 22. September 2008.
15 *WELT* v. 3. November 2008.
16 *WELT* v. 23. April u. 15. Dezember 2007, v. 3. u. 26. November 2008, v. 29. u. 30. August 2009, v. 29. Juli 2010, v. 11. u. 15. Mai 2012 sowie *Spiegel* 28/2012, S. 26.
17 Angela Luther, Mitglied der ersten RAF-Generation und seit 1972 vermisst, steht noch auf der Fahndungsliste des BKA und Interpols. Vgl. *WELT* v. 13. August 2019 u. https://www.interpol.int/en/How-we-work/Notices/View-Red-Notices#1972-538. Jedoch gibt es unterschiedliche Angaben darüber, ob das rein formal ist oder ob die Strafverfolger tatsächlich noch damit rechnen, dass sie am Leben sein könnte. Ähnlich ist es mit Friederike Krabbe aus der zweiten RAF-Generation. Sie gilt seit 2003 als im Irak verschollen. Vgl. *Tagesspiegel* v. 24. März 2019.
18 *WELT* v. 27. Juli 2019.
19 *SZ* v. 2. Juni 2018 u. *WELT* v. 29. März 2018 u. 27. Juli 2019 sowie *Spiegel* 41/2016, S. 42 u. 22/2016, S. 54–57.

Quellen- und Literaturverzeichnis

1. Archivalien u. ä.

Archiv des Bundesbeauftragten für Stasiunterlagen (Berlin):
MfS AIM: 15127/83 II/2; 264/91/1. MfS AKK: 10454/76. MfS AOPK: 17445/91; 22094/91. MfS AP: 2488/87. MfS HA VI: 146/80; 1432; 3653; 15537. MfS HA IX: FV 123/69; 3990; 16909. MfS HA XV: 2177//77; 1678/79; 2205/81; 5508/81; 5511/81; 2385/83; 5934/86; 2420/87. MfS HA XVIII: 2210; 14707. MfS HA XX: AIG 931; ZMA 496. MfS HA XXII: 42; 56/3; 83/16; 112; 120; 130; 136; 197; 200; 272; 416/1; 416/2; 433/5; 500/10; 554/5; 767/6; 836/2; 836/3; 1139; 1191; 1211/5; 1261/4; 1376/7; 1379; 1760/1; 1760/2; 5194/3; 5310/2; 5503/1; 5871/15; 5990/5; 16554; 16611; 16925; 18227/1; 18227/2; 18230; 18613; 18623/5; 18994; 19009; 19029; 19051; 19074; 19099; 19100; 19105; 19115; 19116; 19163; 19164; 19178; 19179; 19186; 19188; 19226; 19271; 19302; 19309; 19337; 19342; 19457; 19481; 19482; 19483; 19611; 19893; 19897; 47970; 73049; 73050; 73104; 73175; 73184. MfS Sekretariat des Ministers: 309.

Deutscher Bundestag (Berlin):
Parlamentarische Drucksachen. Plenarprotokolle.

Hamburger Institut für Sozialforschung:
Anklageschriften und Urteile gegen Mitglieder und Unterstützer der RAF. Dossier zum Banküberfall in Wien am 13. Dezember 1976. Nachlass Alfred Klaus: KOK 02/001; KOK 02/011; KOK 02/012; KOK 04/014; KOK 05/02; KOK 07/006.

Landtag von Baden-Württemberg (Stuttgart):
Parlamentarische Drucksachen.

Sammlung Sven Felix Kellerhoff (Berlin):
Anklageschriften und Urteile gegen RAF-Mitglieder. Bekennerschreiben und Erklärungen der RAF. Material aus presserechtlichen Verfahren gegen die Ullstein GmbH und die Axel Springer AG/SE. Varia.

Axel Springer Syndication GmbH (Berlin):
Dossiers über Mitglieder und Unterstützer der RAF. Dossiers über Anschläge der RAF.

Unternehmensarchiv der Axel Springer SE (Berlin):
Dossier zum Anschlag auf das Hamburger Verlagshaus 1972.

2. Gedruckte Quellen

Albrecht, Julia/Ponto, Corinna: *Patentöchter. Im Schatten der RAF – ein Dialog.* Köln 2011.

Der Baader-Meinhof-Report. Aus Akten des Bundeskriminalamtes, der Sonderkommission Bonn und des Bundesamtes für Verfassungsschutz. Mainz 1972.

Bakker Schut, Peter (Hrsg.): *Das Info. Briefe von Gefangenen aus der RAF. Aus der Diskussion 1973–1977.* Kiel 1987.

Baumann, Michael »Bommi«: *Wie alles anfing. Mit einem Vorwort von Heinrich Böll.* Neuausgabe. Berlin, 4. Auflage 2007.

Braunmühl, Carlchristian von u. a.: *Versuche, die Geschichte der RAF zu verstehen. Das Beispiel Birgit Hogefeld.* Gießen 1996.

Bundesministerium des Inneren (Hrsg.): *Dokumentation über Aktivitäten anarchistischer Gewalttäter in der Bundesrepublik Deutschland.* o. O. o. J. [Bonn 1974].

Dellwo, Karl-Heinz: *Das Projektil sind wir. Der Aufbruch einer Generation, die RAF und die Kritik der Waffen.* Hamburg 2007.

Ditfurth, Jutta: *Ulrike Meinhof. Die Biografie.* Berlin 2007.

Dies.: *Rudi und Ulrike. Geschichte einer Freundschaft.* München 2008.

Dutschke, Gretchen: *Rudi Dutschke. Wir hatten ein barbarisches, schönes Leben. Eine Biografie.* Neuausgabe München 1998.

Dutschke, Rudi: *Geschichte ist machbar. Texte über das herrschende Falsche und die Radikalität des Friedens.* Neuausgabe Berlin 1991.

Ensslin, Gudrun: *»Zieht den Trennungsstrich jede Minute«. Briefe an ihre Schwester Christiane und ihren Bruder Gottfried aus dem Gefängnis 1972/73.* Hamburg 2005.

Gallus, Alexander (Hrsg.): *Meinhof, Mahler, Ensslin. Studienjahre dreier »Hochbegabter«. Die Akten der Studienstiftung des deutschen Volkes.* Göttingen 2016.

Hogefeld, Birgit: *Ein ganz normales Verfahren … Prozesserklärungen, Briefe und Texte zur Geschichte der RAF.* Berlin/Amsterdam 1996.

ID-Archiv (Hrsg.): *Bad Kleinen und die Erschießung von Wolfgang Grams.* Berlin/Amsterdam 1994.

Dass. (Hrsg.): *»Wir haben mehr Fragen als Antworten«. RAF-Diskussionen 1992–1994.* Berlin/Amsterdam 1995.

Dass. (Hrsg.): *Rote Armee Fraktion. Texte und Materialien zur Geschichte der RAF.* Berlin/Amsterdam 1997.

Institut für Demoskopie (Hrsg.): *Allensbacher Berichte Nr. 18/1971. Baader-Meinhof – Verbrecher oder Helden?* Allensbach 1971.

Internationale Untersuchungskommission (Hrsg.): *Der Tod Ulrike Meinhofs.* Tübingen 1979.

Klaus, Alfred: *Sie nannten mich Familienbulle. Meine Jahre als Sonderermittler gegen die RAF.* Hamburg 2008.

Kunzelmann, Dieter: *Leisten Sie keinen Widerstand. Bilder aus meinem Leben.* Berlin 1998.

Meyer, Till: *Staatsfeind. Autobiografie.* Hamburg 1996.

Pflieger, Klaus: *Gegen den Terror – Erinnerungen eines Staatsanwalts.* Stuttgart 2016.

Ponto, Ignes: *Sie kamen mit Rosen in der Hand … Lebenseinschnitte.* Frankfurt a. M. 1991.

Presse- und Informationsamt der Bundesregierung (Hrsg.): *Dokumentation der Bundesregierung zur Entführung von Hanns Martin Schleyer.* München 1977.

Proll, Astrid: *Hans und Grete. Die RAF 1967–1977.* Göttingen 1998.

Proll, Thorwald/Dubbe, Daniel: *Wir kamen vom anderen Stern. Über 1968, Andreas Baader und einen Kaufhausbrand.* Hamburg 2003.

Reinders, Ralf/Fritzsch, Roland: *Die Bewegung 2. Juni. Gespräche über Haschrebellen – Lorenz-Entführung – Knast.* Berlin, 4. Auflage 2003.

Röhl, Bettina: *So macht Kommunismus Spaß! Ulrike Meinhof, Klaus Rainer Röhl und die Akte Konkret.* Hamburg 2006.

Dies.: *»Die RAF hat Euch lieb«. Die Bundesrepublik im Rausch von 68 – Eine Familie im Zentrum der Bewegung.* München 2018.

Schneider, Peter: *Rebellion und Wahn. Mein '68.* Köln 2008.

Stuberger, Ulf G.: *Die Tage von Stammheim. Als Augenzeuge beim RAF-Prozess.* München 2007.

Ders.: *Die Akte RAF. Taten und Motive. Täter und Opfer.* München 2008.
Tolmein, Oliver: *»RAF – Das war für uns Befreiung«. Ein Gespräch mit Irmgard Möller über bewaffneten Kampf, Knast und die Linke.* Hamburg 1997.
Viett, Inge: *Einsprüche! Briefe aus dem Gefängnis.* Hamburg 1996.
Dies.: *Nie war ich furchtloser. Autobiographie.* Hamburg 1996.
Wasbach, Klaus: *Die Freiheit des Verlegers. Erinnerungen. Festreden. Seitenhiebe.* Berlin 2010.
Wisnewski Gerhard/Landgraeber, Wolfgang/Sieker, Ekkehard: *Das RAF Phantom: Wozu Politik und Wirtschaft Terroristen brauchen.* München 1992.
Wisniewski, Stefan: *Wir waren so unheimlich konsequent … Ein Gespräch zur Geschichte der RAF.* Berlin 1997.
Zahl, Peter-Paul: *Die Stille und das Grelle. Aufsätze.* Frankfurt a.M. 1981.

3. Zeitungen und Zeitschriften

Agit 883; Arbeiter-Zeitung (Wien); *Berliner Morgenpost; Berliner Zeitung; BILD; B.Z. (Berlin); Financial Times; Frankfurter Allgemeine Zeitung; Frankfurter Allgemeine Sonntagszeitung; Frankfurter Rundschau; Konkret; Kursbuch; Neues Deutschland; Neue Zürcher Zeitung; Die Presse* (Wien); *Der Spiegel; Der Stern; Stuttgarter Zeitung; Süddeutsche Zeitung; Die Tageszeitung; Der Tagesspiegel; The Times; Die WELT; WELT am Sonntag; Voltaire-Flugschrift; Die Zeit.*

4. Literatur

Ahrens, Ralf/Bähr, Johannes: *Jürgen Ponto. Bankier und Bürger.* München 2013.
Aßmann, Alex: *Gudrun Ensslin. Die Geschichte einer Radikalisierung.* Paderborn 2018.
Aust, Stefan: *Der Baader-Meinhof-Komplex.* Neuausgabe Hamburg 2017.
Ders.: *Der Lockvogel. Die tödliche Geschichte eines V-Mannes zwischen Verfassungsschutz und Terrorismus.* Hamburg 2002.
Balz, Hanno: *Von Terroristen, Sympathisanten und dem starken Staat.*

Die öffentliche Debatte über die RAF in den 1970er-Jahren. Frankfurt a. M. 2008.

Bästlein, Klaus: *Der Fall Mielke. Die Ermittlungen gegen den Minister für Staatssicherheit der DDR.* Baden-Baden 2002.

Becker, Jilian: *Hitlers Kinder? Der Baader-Meinhof-Terrorismus.* Frankfurt a. M. 1977.

Bergstermann, Sabine: *Stammheim. Eine moderne Haftanstalt als Ort der Auseinandersetzung zwischen Staat und RAF.* Berlin 2016.

Biesenbach, Klaus (Hrsg.): *Zur Vorstellung des Terrors. Die RAF.* 2 Bde. Göttingen/Berlin 2005.

Breloer, Heinrich: *Todesspiel. Die dramatischen Wochen des Deutschen Herbstes 1977.* Berlin 2003 (DVD).

Buback, Michael: *Der zweite Tod meines Vaters.* Erweiterte Neuausgabe München 2009.

Dahlke, Matthias: *»Nur eingeschränkte Krisenbereitschaft«. Die staatliche Reaktion auf die Entführung des CDU-Politikers Peter Lorenz 1975.* In: *VZG* 55 (2007), S. 641–678.

Ders.: *Das Wischnewski-Protokoll. Zur Zusammenarbeit zwischen westeuropäischen Regierungen und transnationalem Terrorismus 1977.* In: *VZG* 57 (2009), S. 201–215.

Demant, Ebbo/Ingo Helm: *Im fliegenden Sarg. Die »Landshut«-Entführung aus Sicht der Geiseln.* Mainz 2012 (DVD).

Dessecker, Axel: *Die Vollstreckung lebenslanger Freiheitsstrafen. Dauer und Gründe der Beendigung im Jahr 2015.* Wiesbaden 2017.

Diewald-Kerkmann, Gisela: *Die Rote Armee Fraktion im Original-Ton. Die Tonbandmitschnitte vom Stuttgarter Stammheim-Prozess.* In: *Zeithistorische Forschungen* 5 (2008), S. 299–312.

Dies.: *Frauen, Terrorismus und Justiz. Prozesse gegen weibliche Mitglieder der RAF und der Bewegung 2. Juni.* Düsseldorf 2009.

Fischer, Michael: *Horst Mahler. Biographische Studie zu Antisemitismus, Antiamerikanismus und Versuchen deutscher Schuldabwehr.* Karlsruhe 2015.

Geiger, Tim: *Die »Landshut« in Mogadischu.* In: *VZG* 57 (2009), S. 413–456.

Gleichauf, Ingeborg: *Poesie und Gewalt. Das Leben der Gudrun Ensslin.* Stuttgart 2017.

Hachmeister, Lutz: *Schleyer. Eine deutsche Geschichte.* München 2004.

Hauser, Dorothea: *Baader und Herold. Beschreibung eines Kampfes.* Neuausgabe Reinbek 2007.

Hermann, Kai/Koch, Peter: *Entscheidung in Mogadischu. Die 50 Tage nach Schleyers Entführung.* Hamburg 1977.
Hürter, Johannes: *Rekruten für die »Stadtguerilla«. Die Suche der RAF nach einer personellen Basis.* In: Bergien, Rüdiger/Pröve, Ralf (Hrsg.): *Spießer, Patrioten, Revolutionäre. Militärische Mobilisierung und gesellschaftliche Ordnung in der Neuzeit.* Göttingen 2010, S. 305 – 322.
Igel, Regine: *Terrorismus-Lügen. Wie die Stasi im Untergrund agierte.* München 2012.
Keil, Lars-Broder/Kellerhoff, Sven Felix: *Fake News machen Geschichte. Gerüchte und Falschmeldungen im 20. und 21. Jahrhundert.* Berlin 2017.
Kellerhoff, Sven Felix: *Was stimmt? Die RAF.* Freiburg 2007.
Ders.: *Die Stasi und der Westen. Der Kurras-Komplex.* Hamburg 2010.
Kepplinger, Hans Mathias: *Statusdevianz und Meinungsdevianz. Die Sympathisanten der Baader-Meinhof-Gruppe.* In: *Kölner Zeitschrift für Soziologie und Sozialpsychologie* 26 (1974), S. 770 – 800.
Knobbe, Martin/Schmitz, Stefan: *Terrorjahr 1997. Wie die RAF Deutschland veränderte.* München 2007.
Koenen, Gerd: *Vesper, Ensslin, Baader. Urszenen des deutschen Terrorismus.* Neuausgabe Frankfurt a. M. 2005.
Kraushaar, Wolfgang: *Die Bombe im Jüdischen Gemeindehaus.* Hamburg 2005.
Ders./Wieland, Karin/Reemtsma, Jan Philipp: *Rudi Dutschke, Andreas Baader und die RAF.* Hamburger Edition, 2005.
Ders. (Hrsg.): *Die RAF und der linke Terrorismus.* 2 Bde. Hamburg 2006.
Ders.: *Verena Becker und der Verfassungsschutz.* Hamburg 2010.
Ders.: *»Wann endlich beginnt bei Euch der Kampf gegen die heilige Kuh Israel?« München 1970: über die antisemitischen Wurzeln des deutschen Terrorismus.* Reinbek 2013.
Ders.: *Die blinden Flecken der RAF.* Stuttgart 2017.
Lehto-Bleckert, Katriina: *Ulrike Meinhof 1934 – 1976. Ihr Weg zur Terroristin.* Marburg 2010.
Mehlich, Andreas: *Der Verteidiger in den Strafprozessen gegen die Rote-Armee-Fraktion. Politische Justiz und politische Strafverteidigung im Lichte der Freiheit der Advokatur.* Berlin 2012.
Moser, Thomas: *RAF und kein Ende. Wer erschoss Generalbundesanwalt Siegfried Buback? Immer neue Fragen zu einem politischen Attentat.* In: *Deutschland-Archiv* 42 (2009), S. 314 – 320.

Müller, Michael/Kanonenberg, Andreas: *Die RAF-Stasi-Connection.* Berlin 1992.

Oesterle, Kurt: *Stammheim. Der Vollzugsbeamte Horst Bubeck und die RAF-Häftlinge.* Neuausgabe München 2005.

Paczensky, Susanne von (Hrsg.): *Frauen und Terror. Versuche, die Beteiligung von Frauen an Gewalttaten zu erklären.* Reinbek 1978.

Peters, Butz: *Der letzte Mythos der RAF. Das Desaster von Bad Kleinen – Wer erschoss Wolfgang Grams?* Berlin 2006.

Ders.: *Tödlicher Irrtum. Die Geschichte der RAF.* Neuausgabe Frankfurt a. M. 2007

Ders.: *1977. RAF gegen Bundesrepublik.* München 2017.

Pflieger, Klaus: *Die Rote Armee Fraktion. 14. Mai 1970 bis 20. April 1998.* Baden-Baden, 2. Auflage 2006.

Prinz, Alois: *Lieber wütend als traurig. Die Lebensgeschichte der Ulrike Meinhof.* Frankfurt a. M. 2005.

Ridder, Winfried: *Verfassung ohne Schutz. Die Niederlage der Geheimdienste im Kampf gegen den Terrorismus.* München 2013.

Scheiper, Stephan: *Innere Sicherheit. Politische Anti-Terror-Konzepte in der Bundesrepublik Deutschland während der 1970er-Jahre.* Paderborn 2010.

Schlosser, Patrizia: *Im Untergrund. Der Arsch von Franz Josef Strauß, die RAF, mein Vater und ich.* Hamburg 2019.

Schulz, Birgit: *Die Anwälte. Eine deutsche Geschichte.* Hamburg 2011 (DVD).

Siemens, Anne: *Für die RAF war er das System, für mich der Vater. Die andere Geschichte des deutschen Terrorismus.* München/Zürich 2007.

Soell, Hartmut: *Helmut Schmidt. Macht und Verantwortung. 1969 bis heute.* München 2008.

Sontheimer, Michael: *»Natürlich kann geschossen werden«. Eine kurze Geschichte der Roten Armee Fraktion.* München 2010.

Stern, Klaus/Herrmann, Jörg: *Andreas Baader. Das Leben eines Staatsfeindes.* München 2007.

Straßner, Alexander: *Biographisches Porträt Birgit Hogefeld.* In: *Jahrbuch Extremismus & Demokratie* 15 (2003), S. 209–222.

Terhoeven, Petra: *Die Rote Armee Fraktion. Eine Geschichte terroristischer Gewalt.* München 2017.

Unger, Johannes/Adamek, Sascha: *Ulrike Meinhof. Wege in den Terror.* Potsdam 2006 (DVD).

Veiel, Andreas: *Black Box BRD. Der Kampf ist vorbei, die Wunden sind offen.* Berlin 2002 (DVD).

Weidenbach, Ulli: *Jagd nach der RAF*. Mainz 2017 (DVD).

Winkler, Willi: *Die Geschichte der RAF*. Berlin 2005.

Wollweber, Tina: *Die Zuständigkeit des Generalbundesanwalts in Staatsschutzsachen nach § 120 Abs. 1 und Abs. 2 GVG*. Frankfurt a. M. 2010.

Wunschik, Tobias: *Baader-Meinhofs Kinder. Die zweite Generation der RAF*. Opladen 1997.